AF200106

Alfred Rudolph

Über die Vengeance Fromondin,

die allein in Hs. Ma erhaltene Fortsetzung der Chanson de Girbert de Mez

Alfred Rudolph

Über die Vengeance Fromondin,
die allein in Hs. Ma erhaltene Fortsetzung der Chanson de Girbert de Mez

ISBN/EAN: 9783743482647

Hergestellt in Europa, USA, Kanada, Australien, Japan

Cover: Foto ©ninafisch / pixelio.de

Manufactured and distributed by brebook publishing software
(www.brebook.com)

Alfred Rudolph

Über die Vengeance Fromondin,

AUSGABEN UND ABHANDLUNGEN

AUS DEM GEBIETE DER

ROMANISCHEN PHILOLOGIE.

VERÖFFENTLICHT VON E. STENGEL.

XXXI.

ÜBER DIE

VENGEANCE FROMONDIN,

DIE ALLEIN IN Hs. Me ERHALTENE FORTSETZUNG DER CHANSON DE GIRBERT DE MEZ

VON

ALFRED RUDOLPH.

MARBURG.

N. G. ELWERT'SCHE VERLAGSBUCHHANDLUNG.

1885.

Herrn

Professor Dr. Edmund Stengel

in dankbarer Verehrung

.

gewidmet.

Die Chanson des Loherains[1]), eins der Hauptwerke der alt-
französischen Epik aus dem XII. Jahrhundert, besingt in umfang-
reicher Weise die langjährigen Kämpfe der Lothringer, des Hervis
de Mez, und seiner Söhne und Enkel, Garin und Begon, Girbert,
Gerin und Hernaut, gegen die Herren von Bordele[2]), Hardre und
dessen Nachkommen Fromont und Fromondin. Als historischen
Hintergrund der immer wieder von Neuem ausbrechenden Kriege
der beiden mächtigen Geschlechter erblicken wir die Rivalität
zwischen dem Norden und Süden Frankreichs zur Zeit der letzten
merovingischen Hausmeier, sowie die in verdunkelten Ueberliefe-
rungen fortlebenden Siege Karl Martells über die Sarazenen.

In der nachstehenden Untersuchung wird uns nur ein kleiner
Theil dieses weitschichtigen Gedichtes, nämlich die in einer einzigen
Hs. den Schluss der assonirenden Chanson de Girbert de Mez
bildende gereimte Fortsetzung, beschäftigen. Der Inhalt dieses der
Hs. M eigenthümlichen Abschlusses, der am passendsten durch den
Titel »Vengeance Fromondin« gekennzeichnet wird, und das Ver-
hältniss desselben zu dem Abschluss des Girbert und zu dessen
Fortsetzungen, wie ihn andere Hss. aufweisen, soll hier einer
näheren Betrachtung unterzogen werden.

Von den zahlreichen Handschriften der Chanson de Girbert
de Mez schliessen fast alle, die mir bei der Untersuchung zur
Verfügung standen, mit der Ermordung Fromondins, des letzten
männlichen Sprossen der Bordelesen und mit der Rückkehr des

---

1) Vgl. Franz Joseph Mone: Untersuchungen zur Geschichte der
teutschen Heldensage, Quedlinburg nnd Leipzig 1836 p. 192 ff. »Werin von
Lothringen«. Ferner: Paulin Paris: Garin le Loherain, Paris 1862.

2) Die Schreibart der Orts- und Personennamen ist dieselbe wie in den
Texten.

Ausg. u. Abh. (Rudolph).   1

Lothringer Girbert in seine Heimat. Dieses ist insbesondere in folgenden Hss., welche die Siegelbezeichnung $A B C E J P$ führen[1]), der Fall, während von den übrigen mir zugänglichen Hss. $D^a Q S^2$) sich nur unvollständig erhalten haben, andere Hss. wie $F G O T X$ sogar weit früher abbrechen und Hss. H^3) $K Y Z Z^1 Z^2 Z^4$[4]) Z^5[5]) nur kleine Bruchstücke sind. Neben den vorerwähnten Hss. des Girbert werden noch solche des Anseis $N L R S T b$, die Prosaredaction v und eine holländische Bearbeitung[6]) in Betracht kommen. Hs. M^a ist aber die einzige, welche eine längere Fortsetzung an der Stelle hinzufügt, an welcher die anderen oben bezeichneten Hss. des Girbert abschliessen. In dieser Fortsetzung, von der eine eingehende Analyse und Textproben folgen, werden die weiteren Erlebnisse Girberts, die Rache seiner Schwägerin Ludie, welcher er in Folge der Ermordung ihres Bruders Fromondin zum Opfer fällt, sowie die kurze Geschichte von Girberts Söhnen Yon und Garin behandelt. Die Hs. E (und auch $A B C J P$) berichtet den Schluss der Chanson de Girbert in folgender Weise[7]):

Fromondin, der Sohn Fromonts, das Haupt der Bordelesen, ist endlich nach langjährigen Kriegen, welche diese Familie gegen die der Lothringer geführt hatte[8]) besiegt und seiner Erbländer

---

1) Vgl. Wilhelm Victor: Die Handschriften der Geste des Lohernins, mit Texten und Varianten, Halle 1876 und die Nachträge dazu in Ausg. u. Abh. III, 124.

2) Hs. D^a geht bis M^a 258 d 2, Q bis M^a 251 a 12, S bis M^a 259 a 8.

3) Hs. H entspricht M^a 255 a 26 bis 256 a 18. Suchier gibt Text und Beschreibung dieses Bruchstückes in den Roman. Studien I. p. 376 ff.

4) Hs. $Z4$ s. Zeitschrift für roman. Phil. IV, p. 575.

5) Hs. $Z5$ vgl. Heuser: Ueber die Theile, in welche die Lothringer Geste sich zerlegen lässt. Marburger Dissertation 1884, p. 7, Anmk. 1.

6) De Roman der Lorreinen, uitgegeven door Dr. J. C. Matthes, Groningen by J. B. Wolters, 1876, besprochen von Stengel in der Zeitschrift für roman. Phil. Bd. I, 137 ff. — H. Fischer: Zwei Fragmente des mittelniederländischen Romans der Lorreinen. Festschrift zur vierten Säcularfeier der Eberhard-Karls Universität zu Tübingen. Stuttgart bei Karl Aue, 1877.

7) Hs. Ma geht mit diesen Hss. genau zusammen bis 259 b 19, von da schliesst sich die eigne Fortsetzung an.

8) Die Beschreibung der voraufgehenden Kriege und Ereignisse bis zu dieser Stelle umfasst ca. 30,000 Verse.

beraubt worden. Er zieht sich darauf in eine Einsiedelei in dem Walde von Gal in den Pyrenäen unweit Panpelune zurück, um dort als Eremit sein Leben zu beschliessen (340 a 28 — 340 d 9). Da auf diese Weise der Frieden herbeigeführt ist, kehren die lothringischen Helden in ihre Länder zurück, Gerin nach Cologne, Hernaut nach Gironville, Malvoisin nach St. Gilles, Girbert nach Aix. Letzterer erhält während der Rückkehr die Kunde, dass sein Weib, die Tochter des Herzogs Yon von der Provence, von einem Knaben entbunden und bei der Geburt des Kindes gestorben sei. Girbert beschleunigt desshalb seine Reise nach Aix, wo alsbald nach seiner Ankunft die Taufe vollzogen und dem Kind nach seinem Grossvater der Name Yon gegeben ward (340 d 10 — 341 b 5).

Yon wurde sorgfältig erzogen und erreichte bereits sein vierzehntes Jahr [1]), als bei Girbert ein Bote eintraf, der ihn im Namen der Tochter Aimeris von Narbonne dringend um Hülfe anfleht, da deren Vater von den in das Land eingefallenen Sarazenen getödtet, sie selbst aber von den Heiden in Narbonne eingeschlossen und arg bedroht sei. Sofort sagt Girbert Hülfe zu und entbietet Gerin sowie die Grafen Malvoisin und Raymont (341 b 6 — 341 c 18).

Nachdem sich ein stattlicher Heerbann [2]) um Girbert versammelt, bricht man ungesäumt nach Narbonne auf. Nicht weit von dieser Stadt stösst Girbers auf einen Schwarm Sarazenen, die sich ihm unter Anführung des Emirs Ludaires entgegenwerfen. Es entspinnt sich ein heftiger Kampf, in welchem alle Heiden bis auf einen getödtet werden. Dieser überbringt die Trauerbotschaft dem sarazenischen Belagerungsheer vor Narbonne, das eilends den Christen entgegenzieht. Aber diese waren auf den Kampf wohl vorbereitet; Girbers hatte nämlich das Heer in vier Scharen getheilt, deren erste er selbst, die zweite Gerins von Tarascone, die

---

1) Nach den anderen Hss. (ausser *P*) vergehen sieben Jahre.

2) Ueber die Stärke der Heere, die meistens angegeben wird, gehen hier sowohl wie in fast allen folgenden Fällen die Zahlenangaben der einzelnen Hss. auseinander.

dritte Raymons, die vierte Gerins, Sohn des Herzogs Begon, führte. Die Sarazenen werden in blutiger Schlacht zurückgeschlagen, wobei die arabischen Könige Cordroez und Ysorez fallen [1]). Vergebens suchen nochmals neue Schaaren unter Ludinas und Corsuble gegen Girbert und seine tapferen Mannen anzustürmen [2]); in furchtbarem Gemetzel werden fast alle Heiden niedergemacht. Ein kleiner Theil wendet sich in wilder Flucht nach dem Meere und findet dort, von den Siegern verfolgt, in den Wellen den Tod [3]) (341 c 19 — 345 c 14). Nach der siegreichen Schlacht hält Girbert seinen Einzug in Narbonne. Die nunmehr befreite Tochter Aimeris eilt ihm entgegen und begrüsst ihn mit freudigem Danke. Nachdem am andern Morgen die Gefallenen, darunter die Grafen Raymons und Gerins von Tarascone, feierlich begraben sind, nahen sich Girbert die Erzbischöfe und bitten ihn, er möge des verwaisten Landes Herr sein und die an Schönheit einzig im ganzen Frankenreiche dastehende verlassene Königstochter zur Gattin nehmen. Gern willfahrt Girbers den Bitten und die Hochzeit wird alsbald mit aller Pracht gefeiert. Ein Fest reiht sich an das andere; die Jugend vergnügt sich bei Spiel und Tanz, während die Ritter glänzende Turniere veranstalten. Acht Tage dauern die herrlichen Feste; am neunten bricht Girbers mit seinem Weibe und zahlreichem Gefolge. nach der Heimat auf und überlässt das Narbonnensische Land einem Vertrauten zur Verwaltung (345 c 15 — 346 b 6).

Die Reise geht über Tarascone, wo der 15jährige Sohn des bei Narbonne gefallenen Gerin von Tarascone von Girbert zum Ritter geschlagen und zum Herrn der von seinem Vater hinterlassenen Länder erklärt wird. Weiter wenden sie sich nach St. Gilles. Dort heirathet Malvoisins auf Anregen Girberts die Wittwe des in

---

1) Hier bricht *Q* ab.
2) An dieser Stelle beginnt das Bruchstück *H*.
3) Die Analyse von Mone schliesst mit dem Ende der Schlacht. Die sehr lange Beschreibung derselben, welche bei *M*ᵃ 554 Verse umfasst, ist bei *A B D*ᵃ bedeutend gekürzt.

der Schlacht getödteten Raymont. Nachdem die Hochzeit acht Tage lang gefeiert ist, kehrt Girbers nach Aix zurück, wo er erfreut ob der glücklichen Heimkehr, den Knaben Yon in seine Arme schliesst. Gerins nimmt nun auch Abschied und wendet sich, nachdem er in Gironville den Grafen Hernaut besucht, seiner Hauptstadt Cologne zu (346 b 7 — 347 a 26). So verstreichen vierzehn Jahre[1]). Da erwacht in Gerin der Wunsch, eine Wallfahrt zum Grabe des heiligen Jakob zu unternehmen. Er begibt sich nach Aix, wo er Girbert und Malvoisin, der von St. Gilles herbeigekommen war, für seinen Plan gewinnt. Nachdem Alles zur Wallfahrt vorbereitet, brechen sie mit stattlichem Gefolge auf. Ihr Weg führt sie über Panpelune, wo sie bei einem reichen Bürger Herberge nehmen. Dort erfahren sie auf ihr Befragen, dass in dem Walde von Gal, nicht weit von der Stadt, ein frommer Klausner wohne, der sie würdig zur Wallfahrt nach dem Grabe des heiligen Jacob vorbereiten könne. Am andern Morgen begeben sie sich dorthin und finden den Einsiedler betend vor dem Altar, in seine Kutte vermummt. Desshalb erkannten sie ihn nicht und ahnten nicht, dass sie dem Todfeinde ihres Geschlechtes, Fromondin, der sich in diese Waldeinsamkeit zurückgezogen hatte, gegenüberstanden. Dieser aber hatte sie wohl erkannt und sogleich war in ihm der unauslöschliche Hass gegen die Lothringer und mit ihm zugleich der Entschluss erwacht, sie zu vernichten. Er bittet sie, bei der Rückkehr wieder bei ihm vorzusprechen, bei welcher Gelegenheit er dann die Ahnungslosen zu ermorden plant. Seinen Knappen weiht er in das Geheimniss ein und befiehlt ihm, Dolchmesser aus Panpelune herbeizuschaffen (347 a 27 -- 348 b 3).

Girbert und seine Begleiter hatten inzwischen die Wallfahrt beendet und waren nach Panpelune zurückgekehrt. Dort erscheint plötzlich der Knappe Fromondins, der, von Gewissensbissen gequält, sich Girbert zu Füssen wirft und ihm offenbart, dass jener

---

1) Nach allen andern Has. (ausser P) vergehen nur vier Jahre.

Einsiedler Fromondins gewesen sei und einen Mordanschlag gegen ihn und seine beiden Genossen plane. Durch dieses Geständniss werden die Lothringer in grosse Wuth versetzt und schicken sich an, unverzüglich Rache an Fromondin zu nehmen. Unter ihren Gewändern verbergen sie Waffen und Panzer und eilen nach der Einsiedelei. Fromondins hatte sich auf sein Lager hingestreckt, die Dolche unter dem Kopfkissen in Bereitschaft haltend. So erwartete er tückisch die Ankunft seiner Feinde, welche er einzeln in seine Gewalt zu bekommen beabsichtigte[1]). Während Gerins und Malvoisins in einiger Entfernung zurückbleiben, tritt Girbers zuerst ein und kniet an dem Bette nieder. Sobald er die Beichte beginnt, zückt Fromondins den Dolch zum Stosse. Gerins, der dieses wahrgenommen, springt schnell hinzu und versetzt Fromondin mit seinem Pilgerstab einen wuchtigen Schlag auf das Haupt, dass er sofort todt niedersinkt. Den Leichnam begräbt man in der Klause und Alle kehren darauf nach Panpelune zurück, von wo sie sich zur Rückkehr in die Heimat anschicken[2]) (348 b 4 — 349 a 1).

In Aix werden die Helden von der Gemahlin Girberts und von Yon freudig empfangen. Auch Hernaus eilt nach Aix, um seinen Bruder Gerin, sowie Girbert, Malvoisin und Yon zu begrüssen. Grosse Freude herrscht über den Tod Fromondins, dessen Erblande Hernaut, dem Schwager Fromondins, zugesprochen werden. Nur Ludie allein, die Schwester Fromondins, ist von Schmerz und Grimm erfüllt über den schmachvollen Tod ihres Bruders; sie weiss jedoch zunächst das schlummernde Rachegefühl in ihrem Busen zu verschliessen. In Aix werden indessen herrliche Feste veranstaltet, welche die lothringischen Helden acht Tage lang in frohem Jubel versammelt halten. Dann kehren Alle in ihre Länder zurück (349 a 2 — 349 b 1).

Der Schluss enthält die Aufzählung der Helden und lautet:

---

1) An dieser Stelle (348 c 20) bricht *Da* ab.
2) Hier (348 d 21) bricht *S* ab.

Gerbers remaint a Ais a la fort cit¹)
Ou lui sa fume qui moult ot cleir le uis
Et Yonet au courage hardi
Si faut listoire dou Loberanc Garin
Et de Begon qui el bois lut ocis
Et de Rigaut le bon unssaul hardi
Et dErnais de Iofroi Angeuin
Et de Huon qui fut de Canbrisis
Et dou bon duc qui ot a non Aubri
Et dou uillain qui ot a non Herui
De son afant Tyon et Morandin
De lAlemant qui out a non Ouri
Et de Douon qua Bordiaus fu norris

Et de Gautier qui ot non Orphanins
Et de Gerin le bon uassaul hardi
Et de Rammon qu ocirent Sarrasin
Tous qui aidoient a Girbert le gentil
Et de Fromont qui Iesum relenquit
Et de Guillaume lorguillox de Monclin
Et de Fromont qui el bois fut ocis
La ou denoit nostre signor seruir
Qui uout Gibert le Loherans murdrir
Aleis uos en li roumans est fenis
Des Loherans ne pocis plus oir
Son ne le uuet controuueir et mentir
Explicit li roumans des Loherans.

P lässt die beiden letzten Verse weg. A B C J bieten den
Schluss bedeutend kürzer, indem bei ihnen statt der langen Auf-
zählung der Helden nur wenige Zeilen stehen. Der Schluss lautet hier:

1—6]   A   [7—12]

Girbers remaint a Ais sa bone cit²)
O lui sa fume qui moult u cler le uis
Et Yones al coruie hardi
Ci faut lestoire du Loherenc Garin
Et de Fromont qui deu ot relenqui
Et de Guillaume lorguillox de Monclin

Du fil Fromont lorguillox Fromondin
Par son outrage auoit este ocis
Du roi Gerbert noz ferons fin ici
Qui tantes terres a lespee conquist
Nen i a plus si com lestoire dist
Explicit des Loherenz

Wie sich aus dem Vorstehenden ergibt, weicht demnach am
Schluss die angeführten Hss. im Wesentlichen nicht von einander
ab. Alle schliessen mit dem Tode Fromondins und mit der Rück-
kehr der Lothringer. Hs. M^a setzt allein, wie eingangs erwähnt,
den Roman weiter fort und zwar in einem Umfang von über 6700
Versen (259 b — 315 b). Die Analyse dieser sehr weitschweifigen
Dichtung ist folgende:

Gerin kehrt in seine Hauptstadt Cologne zurück und erzählt
am Hofe seine abenteuerliche Wallfahrt nach dem Grabe des

---

1) Die Abkürzungszeichen im Text sind aufgelöst und durch Kursiv-
schrift angedeutet.
2) Varianten: 1—5 = B C J. — 6 = B C; J fehlt. Zwischen 6 u. 7
fügt C folgende zwei Verse ein:
       Del conte Hernaut et del uassal Gerin
       Et del uasal qui ot non Maluoisin
7 = B C; J: Et de son fil. — 8 fehlt B C J. — 9 B C J Et de Girbert
le roi poesteis. — 10 = C, B: tunte terre a son espie, J: Tarascone. —
11 fehlt B C J.

heiligen Jacob. Die Erzählung hatte ein Knappe mitangehört, der einst in den Diensten von Doon le Gris, eines Verwandten der Bordelesen, gestanden und der seinem ehemaligen Herrn noch zugethan war. Er beeilt sich desshalb Doon von dem Gehörten in Kenntniss zu setzen (259 b 18 — 260 b 8).

Doonz, ein erklärter Feind der Lothringer, war gerade mit seiner Ritterschaft in Bologne versammelt, um das Fest des heiligen Richier zu feiern. Da vernimmt er von dem Knappen die unerhörte Kunde, dass Fromondins von Gerin, Girbert und Malvoisin ermordet sei. Einen Sturm der Entrüstung ruft diese Nachricht bei allen Baronen hervor und sofort wird der Krieg gegen die Lothringer beschlossen. Nachdem der Knappe weiter mitgetheilt, dass zum Pfingstfest alle lothringischen Grafen und Barone sich in Paris am Hofe Pepins zur Wehrbarmachung ihrer Söhne versammeln würden, kommt Doonz mit seinen Genossen überein, während dieser Zeit in das verlassene Gebiet der Feinde einen Rachezug zu unternehmen. In aller Stille wird derselbe vorbereitet und bald hat sich um Doon ein stattlicher Kriegsbann versammelt [1]). Nachdem man erfahren, dass Gerin mit seiner Ritterschaft nach Paris aufgebrochen sei, setzt sich auch Doonz mit seiner Kriegsschar durch Artois und Flandern nach Cologne in Bewegung (260 b 9 — 263 a 15).

Inzwischen sind die Lothringer zur Feier des Pfingstfestes am Hofe zu Paris froh vereint. Eine Anzahl Jünglinge, worunter auch die Söhne Girberts und Gerins, werden vom König Pepin zu Rittern geschlagen. Eine herrliche Versammlung konnte man da erblicken!

4—11]	263 b	[12—18
Quant uenu furent *et* Girbers *et* Gerins		En apeln lampereor *Pepin*
Hernaus le conte *et* le preu Mauuoisins		Sire dist ele por le cors Saint Martin
Et de Cambrai Reniers *et* Baucelin		Tant com cist uiuent naurons si bon
Les filz Huon cel qui tint Cambroisinz		uoisin
Gui de Biaugeu Sanson *et* Girardin		Roi duc ne conte prince ne palasin
Et le lignaige qui tant iert de franc lin		Qui enuers vous fuce plait ne hustin
Moult sesioisent ansanble li coisin		Qui de sa porte oet issir au matin
Lampereris qui cuer ot anterrin		Cist ne sont pas ne garson ne frarin

---

1) Es werden 23 Ritter mit Namen aufgezählt (260c. 18 ff.).

Dist li rois dame *bien* sai par *Saint*
                Fremin
Que tost maroient ma *guerre* trait a fin

A pentecoste la feste seignorie
Tint li rois cort tele ne fut oie
Li rois *Girbers* ou proece salie
I fu uenus o riche *compaingnie*

.u. fix i ot *que Iesus* beneie
Deuant le roi ne sesbahirent mie
El faudestuel *qui* fu dueure polie
Sasist *Pepins* a la chiere hardie
De ioste lui la roine samie
Qui fu uaillant *et* gente *et* eschenie
Girbers parla *qui* tu plains de uoisdie

Droiz ampereres por deu lo fil Marie
Mes sires iestes de uos tieng manantie
TouteGascoingne quest de *vostre* baillie
Par de dela naura *qui* uos desdie
Tant *com* el cors aie sante *et* uie
Ne ferir puisse del espee forbie
Ne monter puisse el *destrier* de Surie
Jai .u. biax filz na telz iuscan Rousie
Armes demandent *par vostre* cortoisie
Donnez les lor par amor *uous* an prie
Jure en ont *et* lor foiz ont pleuie
Que ia espees nerent par elz saisie
Se par *vous* nest an cui chascuns se fie
Li rois lentent ne puet muer ne rie
Si respondi sans nule uilenie
Sire *Girbers* se dex me beneie

Vostre uoloir ferai ne*n* doutez mie
Armes aront niert *qui* le *contre*die

Quant li rois ot entendu le baron
Il en ot ioie mie nel demant on
Il li respont *vostre* uoloir feron
Les enfans uoit de *moult* gente facon
Il les apelle sans nule arestoison
Anfant dist il *commant* aues *vous* non
Premiers respont li damoisiax Yon
Yonet sire par foi mapelet on
Garin mes freres quest plus fier *que*
                lyon
A *vostre* grei armes *vous* requerron
Et dist li rois *et* nos les *uous* donron
Par tel couant *com* uos deniseron

Que uos aiez darmes si bon renon
Com vostre pere *que* nos ici ueon

Delez Girbert fu Gerins en seant
Deuant *Pepin* el faudestuel luisant
Et delez aus *Hernaus* le *com*batant
Et Mauuoisins *et* Sanson le saillant
Et lor lignage *qui* moult par estoit
                grant
Gerins parla au gent cors auenant
Droiz ampereres or oiez mon samblant
De *vostre* terre sommes trestuit tenant
Pou a ci home roi ne *conte* poissant
Qui a ma dame ne soit apartenant
Venu sont ci auec nos *nostre* anfant
Garnemans querent or lor soiez donnant
Et dist li rois tot a *vostre* talant
A cest mot saut la roine an estant

Et dist au roi bien *et* apertemant
Biax sire rois le *congie vous* demant
Que an ma chanbre les mainne toz auant
Dist li rois dame ie lotroi *et* creant
Faites ant dame tot a *vostre* talant
La franche dame ou proesce auoit tant
Dedans sa chanbre les mainne main-
                tenant
Baignier les fait sans nul arestemant

La franche dame au coraige legier
Dedans sa chanbre fait les enfans
                baignier
Chemises braies lor fist coudre *et*
                taillier
Chauces de soie soler de pertuisiez
Et a sa guise fist chascun reoingnier
Quant les a fait *moult* bien apareillier

El *grant* pales les amena arrier
Deuant le roi *qui* frans doit iostisier
Et la roine le prist a aresnier
Biax sire rois por deu le droiturier
Vez mon lignage pansez del auancier

Si *com* mamor *et* mon cors auez chier
Dame dist il *par* deu le droiturier
Vostre uoloir a refuser ne *quier*
Lors fist Yon uenir auant premier
Son esperon li fist tantost chaucier

11 20]   264 a   [21—29

Au duc Sanson cot Borges u buillier | Ce sunt li fix Girbert le bon guerrier
Et li frans rois li cainst le branc dacier |
Grant cop le fiert el col sans manacier | Quant adoube fu Yon et Guarin
Pus dist en haut ne si uolt atargier | Li fil Girbert au corage ant erin
De par celui qui tot a a iugier | Por la ualor au noble roi Gerin
Te doing ici lordre de cheualier | En apela lempercor Pepin
Que il te doinst leuer et essaucier | Thieri le preu Anseys le meschin
Que ton lignaige uoilles de cuer aidier | Lor esperon lor chaucu Mauuoisins
Tes anemis greuer et abaissier | Jl ot raison quil erent si cousin
Pus adouba Garin sans deluier | Li ampereres fu el palais marbrin

1—15]   264 b   [16—30

A chascun cainst le bon branc acerin | Et la colee lor done el haterel
Pus adouba Begon et Hernaudin |
Cil furent fil Hernaut le palazin | Li rois apele et Thyon et Hermant
Et puis Raymon et le preu Morandin | Cil furent fil a Horris lAlemant
Filz Mauuoisin le preu et le gentil | Pus apela Hanri et Guinemant
Et la roine qui lama de cuer fin | Les fix Gerart del Liego le uailant
Done a chascun .i. mantel sebelin | Les fix Guerre a fait uenir auant
                                   | Herui le preu et son frere Eniorrant
Quant adoube furent li damoisel | A chascun caint li rois le branc
Grant ioie en ont et moult lor en fu bel | tranchant
Li rois apele Girart le franc danzel | Cheualier furent li ualet maintenant
Frere est Sanson moult fu preuz et isnel | Et lamperere qui fu liez et ioiant
Renier le preu et Baucelin le bel | Por lor amor dont il ert desirrant
Les filz Huon qui forni maint cembel | .C. damoisiax i ala adoubant
Qui do Cambrai tint lonor del chastel | Ni ot celui neust biaume luisant
Chascuns a caint le branc qui ert | Escu dore et haubere iazerant
                         moult bel | Et bon destrier arrabi et corant

1—15]   264 c   [16—30

Li rois Girbers et Gerins le poissant | El pales montent haut et lie et ioiant
Hernaus le preu Mauuoisins le sachant | Leue cornerent cheualier uont lauant
Et li dus Sanses qui moult iert com- | Li rois Pepins sest asis tot auant
                            batant | Lez lui sasist lampereris uaillant
En adouba chascuns endroi soi tant | Girbers le preuz Gerins le combatant
.anie. furent si com trouons lisant | Hernaus Sanson Mauuoisins le poisant
Soz Saint Germain en .i. pre verdoiant | Li quens Guischart quert de Biaugeu
Fu la quintainne leuee en estant | tenant
Jluec se uont li ualet esprouant | Par le pales uont li autre seant
Et luns a lautre lor lances pesoiant | Grant fu la feste mes pleniers i ot tant
Dex com si uont li danzel aidant | Moult a anuiz les iroie acontant
Percent escus et lances uont brisant | Bondissent tymbres et font feste moult
Jusques au uespre un le bohort durant | grant
Quant uespres sonnent si sen uont | Harpes et gigues et iugleors chantant
                          retornant | En lor uicles uont les luis uielant
A cort uont tuit il ne uont delaiant | Que en Bertaigne furent ia li amus
Et descendirent soz le pin uerdoiant | Del chicurefueil uont le sonet disant

1—3]   264 d   [4—6ᵗ

Que Trystans fist que Yseut ama tant | Onques ni ot menestrel ne seriant
Que uos diroie il nest nuns clers lisant | Que celui ior ne fust riche et manant
Qui de la feste puist dire le samblant | Tant uont li prince et uair et gris donant

Robes de soie *et* or et a argent | *Et*|el] nuefuisme ua la cort depurtant
Qua grant honor furent tuit demorant | *Congie* ont pris au roi tot maintenant.
.viii. iors toz plains ua la feste durant |

Während diese Feste in Paris stattfinden, hat Doonz eine
vernichtende Heerfahrt bis vor Cologne unternommen. Diese Stadt
leistet aber kräftigen Widerstand und jeder Versuch, dieselbe zu
erobern, misslingt. Desshalb muss sich Doonz schliesslich zum
Rückzug bequemen, der in grausamster Weise bewerkstelligt wird.
Das ganze Land ringsum verwüstet man, zerstört Schlösser und
Dörfer und setzt Alles bis nach Liege hin in Brand. Bürger und
Bauern werden erbarmungslos mit Weib und Kind aus ihren Wohn-
sitzen gejagt. So übt Doonz wüthende Rache für Fromondins
Tod! — Da endlich vernimmt er, dass Gerins vom Pfingstfeste
zurückkehre. Desshalb zieht er sich, die Gefahr fürchtend, nach
Cambrai zurück, das er feindlich bedroht. Er vermag aber auch
diese Stadt nicht einzunehmen, da sie wacker von dem Brüderpaare
Renier und Baucelin vertheidigt wurde (265 a 14 — 269 d 16).

Gerins war indessen in sein Land zurückgekehrt und in argen
Zorn gerathen, als er dasselbe ganz und gar verwüstet wieder-
erblickte. Er schwört, das ihm zugefügte Unrecht furchtbar an
dem Friedensbrecher rächen zu wollen. Mit einer schnell gesam-
melten Streitmacht rückt er in das feindliche Flandern ein, das
er verwüstend durchzieht. Die Städte Mons, Bruges, St. Homer,
Berges lässt er in Rauch und Flammen aufgehn (269 d 17 —
271 a 15).

Doonz erhält bald Kunde von dem Herannahen Gerins; er
sieht sich deshalb gezwungen die Belagerung von Cambrai auf-
zugeben und zieht, vereint mit Huedon von Flandern, Gerin ent-
gegen. Bei der Stadt Aire stossen beide Heere aufeinander und
es entspinnt sich eine mörderische Schlacht, in der auf beiden
Seiten viele tapfere Helden fallen. Nach langem blutigen Ringen
neigt sich endlich der Sieg Gerin zu. Doonz und Huedon suchen
ihr Heil in der Flucht; Letzterer entkommt mit einem Theil des
geschlagenen Heeres nach Aire, wo er sich gegen die verfolgen-
den Feinde verschanzt (271 a 16 — 275 b 26).

Doonz wendet sich fliehend, umgeben von zwanzig Begleitern, gen Lenz. Unterwegs stösst er auf die Streitmacht Reniers und Baucelins, die nach Aufhebung der Belagerung von Cambrai Gerin zur Hülfe entgegengezogen waren. Vergebens versuchen sie Doon gefangen zu nehmen, er entkommt mittelst seines guten Rosses, während alle seine Begleiter niedergemacht werden. Lenz, welches der Flüchtling erreicht, verschliesst ihm die Thore. Weiter eilt er, bis ihm endlich Bologne eine Zufluchtsstätte bietet . (275 b 27 — 277 b 7). Inzwischen war durch einen Pilger die Kunde von den jüngsten Ereignissen an Girberts Hof gekommen. Alsbald beschliesst er mit seinen Söhnen Yon und Garin seinem Vetter Gerin Hülfe zu leisten und gegen die Feinde der Lothringer in den Streit zu ziehen. Girbers setzt die Grafen Hernaut und Malvoisin von seinem Vorhaben in Kenntniss. Sie kommen überein sich in Gironville mit ihren Mannen zu versammeln. Dort entwerfen sie den Kriegsplan, geloben treu zur Sache Gerins zu stehen und schwören Vernichtung der Verwandtschaft Fromondins (277 b 27 — 279 c 26).

27—28]	279 c	[29—30

A Girouuile eus le marbrin perron
Descent *Hernaus* li fis au duc Begon

Et Mau*uoisin* li fis au uielz Doon
Dame Ludie a la clere facon

1—15]	279 d	[16—31

Lor uint uncontre corrant de grant
      randon
Si les salue par moult bele raison
Pus a baisie Mau*uoisin* le baron
Li quens la prist au pan del siglaton
Pus sont monte en la sale a bundon
Si estoit oure de souper *et* snison
Les napes font metre li escha[n]son
Si sont assis li noble *com*paignon
Quant mangie orent le soir a grant
      foison
Les napes traient si leuent li baron
Pus sapoierent es entres del donion
Lors a parle *Hernaus com* nobles hom
He dex dist il par ton saintisme non
Saluez le pueple que la uoi enuiron
Et me donnez sil uous plait uanioison

Des traitors Raucelin *et* Doon
Et del traitre de Flandre quens Huedon
Et del lignaige qui tant par est felon
Qui de Cologne ont destruit lo donion
Dist Mau*uoisins* sire or nos soffron
A celz de ca del fet nos nos prendron
A Blancafort premieremant iron
Metons la uile en feu *et* en charbon
Et le chastel *con*tre terre abatron
Se hors san ist le traitor Huymon
Premierement de lui nos uungeron
Quant le pais trestot destruit auron
Sor Hardoin a Bordele en iron
Prendrons la proie la terre gasteron
Sus les marchis apres retorneron
Ne lor lairons ualissant .i. bouton

1—3]	280 a	[4—6

Pierre sor autre ne late ne chauron
Et dit *Hernaus* a deu beneison
Trestot ensi se deu plaist le feron

En demantres que Mau*uoisins* parloit
Au conte *Hernaut et* deui*ant* aloit
Toute lou raigne que il faire uoloit

Et uos .ı. mes qui en la porte entroit
Sor .ı. cheual qui moult tost le portoit
Desoz le pin au paron descendoit
A une branche son cheual araisnoit
Sus el pales par les degrez montoit
Denant les contes li mes sagenoiloit
Moult doucement an .n. les saluoit
De par le roi Girbert qui la uenoit
O .x. mille homes quauec lui amenoit
Ainc demain prime son tref la hors
          tenroit
Quant Hernaus lot lo messaige en-
          bracoit
·Pus li demande que li frans rois faisoit

Et il respont qua force cheuauchoit
Et au Plaissie icele nuit girroit
Quant Hernaus lot son cheual deman-
          doit
Et Mauuoisins chascuns le sien uoloit
Vers le Plaissie li mes sacheminoit
Et li dui conte le suient a esploit
.c. cheualiers aueques elz auoit
Chacuns armez moult richement estoit

Vait san li mes qui les contes enmainne
Au Plaisseiz qui ert Hernaut demainne
Tor i ot forte qui couerte iert darainne
Nauoit plus bele de ci quan Loberainne

Li rois Girbers qui moult soffri de painne
Ert as fenestres de la sale hautainne
Si regarde ancontre ual la plainne
Quant uit Hernaut moult grant ioie
          en demainne

Li rois Girbers fu as fenestres haut
Si regarda encontreual le gaut
Si uoit uenir Mauuoisin *et* Hernaut
De la grant ioie que il ot en piez saut
Nel uuelt laissier quancontre ne lor aut
Sor .ı. cheual est montez liez *et* baut
Auec lui montent si dui fil *et* Thiebaut
Son seneschal qui est prous *et* moult
          uaut
Sor son poing porte li frans rois .ı.
          gerfaut
Del Plaissie ist par la porte Gwinaut

Hernaus le uoit si le salue en haut
Bien ueigniez aire Iesus vous gart *et*
          saut
Et dist Girbers dex qui as siens ne faut
Vos doint grant ioie *et* aist *et* consaut
Lors lacola par desous son bliaut

Li dui cousin se sont antrebaisie
Vers Mauuoisin sestoit Girbert pleisie
Antre ses bras la souef enbracie
Pus le baisa par moult grant amistie
Et li demande iestes sains *et* baitie
Oil dist il dex an soit gracie
Toz fusse baut ioiant *et* anuoissie
Se ne fuissent cil cuuert renoie
Que mon signor ont issi correcie
Que son pais ont ars *et* escillie
Se uangiez nest iames ne serai liez

A ces parolles sont antre el Plaissie
Denant la sale sont descendu a pie
El pales montent que ni sont delaie
Asis se sont sor .ı. paile roie
Que li sergent auoient desploie
La ont ansanble li prince consillie
Tant que li lit furent apareillie
Si se sont tuit li franc baron couchie
De ci au ior que il fut esclairie
Que il se sont *et* uestu *et* chaucie
Et gentement arme *et* haubergie
Es cheuax montent qui furent atirie
Lescu au col *et* chascuns prist lespie
A .v. clox dor le contanon lacie
Del Plaissie issent *et* se sont auoie
Vers Gironuile le fort chastel prisie

Vers Gironuile uait Girbers cheuau-
          chant
Et Mauuoisin au corraige uaillant
Li quens Hernaus qui moult ait harde-
          mant
Yonz *et* Garin cil sont Girbert anfant
Auec aus furent .x. mille combatant
Qui de bataille estoient desirant
Quant cil de lost les ont ueus uenant
Jsnelemant uont lor trez destendant
Ancontre uont baut *et* lie *et* ioiant
Et lor demandent quel part seront
          tornant
Vers Blancafort dist Girbers en riant
Et cil respondent tot a uostre comuant

Der Kriegszug richtet sich zuerst gegen Blancafort, das zerstört wird; die starke und gut vertheidigte Burg vermag man aber nicht einzunehmen. Dann wendet sich das Heer gegen Lamarche, um das sich heftige Kämpfe entspinnen. Da man die Stadt nicht nehmen kann, begnügt man sich mit der Verwüstung des Landes; mit reicher Beute ziehen die Lothringer weiter gen Bordelle (280 d 1 — 282 d 11).

Auf seinem Schlosse in Bordelle befindet sich Graf Hardoins, der im Kreise seiner Barone gerade den fröhlichen Weisen, die ein fahrender Spielmann zu zartem Saitenspiel erklingen lässt, lauscht, als plötzlich Kriegslärm an sein Ohr dringt. Mit Erstaunen vernimmt er, dass Feindesmacht sengend und brennend heranzieht. Schnell schickt er sich mit all' seinen streitbaren Mannen zur Vertheidigung an und stürzt sich der überlegenen Streitmacht Girberts und seiner Verbündeten entgegen. Hardoins begegnet im Schlachtgetümmel Hernaut; zwischen Beiden entspinnt sich ein Kampf. Letzterer, in Zorn entflammt, ruft aus:

283 c 5   Par deu, traitres, or vous un malemant
Hui est li jors de nostre finemant
Ne uerroiz mais ne ami ne parant

Hardoins fragt:

Dont vous est ce uenu
283 c 12 Que si aues mon pais confondu
Vos estiez mon ami et mon dru

Trotzig entgegnet Hernaus:

283 c 20 Doz commansa iu sarme nait salu
Cil de Boloigne le feion mescreu
Coloigne nit arse par sa fiere uertu
Si vous en iert le guerredon randu

Vergebens ist die tapfere Wehr Hardoins. Seine ganze Ritterschaft wird vernichtet und er selbst gefangen genommen (282 d 12 — 285 a 8).

Nach Einäscherung der Stadt Bordelle kehren die Lothringer nach Gironville zurück, wo das Strafgericht über den gefangenen Hardoins gehalten wird.

9—12]	285 a	[13—15
A Gironuile uindrent sans arester	El pales montent quil ont fait pointurer	
Dame Ludie o le uiaire cler		turer
Lor uint ancontre baisier *et* acoler	Ains *que* ses armes uoaist Girbers oster	
Si descendirent sans point de demorer	Fist Hardoin deüant lui amener	

16—23]   285 a   [24—30

Li rois lo uoit si li dist son panser | Le matinot vous ferai encroer
He! Hardoins tant mauront fait greuer | Sor cele roche et au uent uenteler
Li traitor cui dez puist mal donner | Tantost commande les forches a leuer
Onques nul ior ne se uoldrent ceser | Que Hardoins uoloit espouanter
De traison et faire et porpanser | Hardoins lot si sen prist airer
De Coloignois ont le pais gastet | De mautalant commance a tressuer
Comment quil aient enpris ennmeserer | Pus li a dit faites moi escouter
Vos par de sa le couient comparer |

1—16]   285 b   [17—30

Vos aues fait tot Bordelois gaster | La crois prendrai sen irai outre mer
Et la grant terre quauoie a gouerner | Au saint sepulcre Iesu Crist aourer
Et moi meismes aues fait anserrer | Et tant uoldrai el pais demorer
Ma terre aies moi an laissiez aler | Que de uoz grez me facois rapeler
A mes amis irai merci crier | Ludie lot si commance a plorer
Ni a si poure ne me doinst .1. disner | As piez li chiet si commance a crier
Neis Ludie que ie uoi lai ester | Qua celui plait il se uoille acorder
Et si dui fil que dex li puist sauuer |
Mi parant sont bien le pueent iurer | Quant Girbers uoit la cortoise Ludie
Si ne porroient soffrir ne andurer | Agenoilie deuant lui et li pric
Que meussiez a tel honte liurer | Por Hardoin merci que ne locie
Len lor deuroit a toz iors reprouer | Et que lenuoie el regne de Surie
Sen me faisoit si uilmant atorner | Et en la terre ou dex prist mort et uie
Mais vne chose vous uoldroie rouer | Par la main destre il len auoit saissie
Que men laissiez a Bordele torner | Si lenleua et li dist douce amie
Dont fait aues le pais deserter |

1 - 15]   285 c   [16—30

Si mait dex ie ne sai que ie die | Lors a parle Girbers li gentis hon
Hardoins est plains de grant felonnie | Si hautemant que bien lentendi lon
Se il mauoit ores sa foi pleuie | Hardoins frere entendez ma raison
Quil sen iroit el regne de Persie | Outre la mer nos uos anuoieron
Se il estoit en sa grant manantie | Et demorez la tant com nos noldron
Moult auroit tost la soie foi mantie | Quant boen nos iert si vous rapeleron
Et ne por quant ie vous dirai amie | Dist Hardoins issi bien lotroion
Vostre requeste ains sera bien oie | Et desus sains tantost le uos iuron
Se Hardoins si com dirai lotrie | Ainsi le iure le desloial glouton
Dist Hardoins a uostre commandie | Voiant le pucplo qui la iert anuiron
                                       | Prist Hardoins lescharpe et le bordon
Quant Ludie ot de Girbert le baron | .x. cheualiers qui sont de grant renon
E Hardoin li a donne le don | Li a builliez Hernaus li filz Begon
Que outremer por auoir garison | Qui a Bordelle en sa maistre maison
Lenuoiera si li fu bel et bon | Le conduiront quil nait ancombroison
Sire dist elle merciz vous en randon |

1 -7]   285 d   [8—14

Quant Hardoins ot sa pais atornee | Hardoins frere ni a mestier celee
Bordon el poing et lescharpe acoleo | Vos en irois outre la mer salee
Et la crois ot en lespaule fermce | Dedens .1. mois mourez sans demoree
Ludie acole que moult auoit amee | Jtant de terme ayroiz sil vous agree
Sa parante iert la cortoise senee | Tant que nostre oirre aiez bien atornee
Moult doucemant la a deu commandee | Et si gardez ni ait nule pansee
Li rois Girbers li a dit sa pansee | Dist Hardoins quele lauez trouee

15—22] 285 d [23—30

Je nel feroie par lauirge honoree	Quil en uerra Gironuile alumee
Por trestot lor qui soit en ma contree	Et se dedanz est Ludie trouee
Pus dist en bas coiemant a celee	Jamais de lui ne sera ior priuee
Par deu Girbers ainz que iaie passee	Aincois sera a Bordele menee
La mer de Grece que si est grans et lee	Ma cousine est de moi doit estre amee
Vos aurai ie cele teste copee	Car elle ma hui la uie sauuee
Mar i auez ma terre desertee	Pus dist en haut franche gent honoree
Li quens Hernaus en aura tel soldee	A dame deu soiez uos commandee

1 -4] 286 a [5—7

Priez por moi sil uos plaist et agree	La li estoit vne mule aprestee
Car ie ne sai quant iert la retornee	Qui moult estoit richemant atornee
De la sale ist li quens teste leuee	Et cil i monte qui duremant agree
Au pie del degre soz loliue ramee	

Von Gironville aus erlässt nun Girbers eine Aufforderung an die befreundeten Edlen Sanson und dessen Bruder Gerart, den Grafen Guichart und an viele Andere, in der er Alle bittet, mit ihm, Malvoisin und Hernaut in Paris vor König Pepin zu erscheinen, um Beschwerde gegen den Landesverräther Doon zu erheben und die Bestrafung desselben zu beantragen (286 b 18 — 288 b 19).

20 -25] 288 b [26—30

Ci uos lairai de lamperere tant	Queoutre mer iroit deu requerant
Et de Girbert et del barnaige grant	Quant a Bordele le uirent sui parant
A Hardoin uoeil estre retornant	Lescharpe au col et le bordon tenant
Qui au Bordele fu uenus moult dolant	Moult duremant sen uont tuit es-
Bordon el poing escharpe el col pen-	maiant
dant	
La croix ot prise par itel couenant	Quant a Bordele fut Hardoins uenu

1—12] 288 c [13—23

Vit la uile arse et le pales fondu	Et Bandoins son frere qui moult fu
Moult par en fut dolant et irascu	irascu
Deu en iura et la soie uertu	Et de Lyons Harui le mescreu
Ja sairemant ni aura plus tenu	Qui ainz uers deu not amor ne salu
.i. clerc apele qui moult estoit son dru	Pus lor conta com li est auenu
Letres fait faire ni a plus atendu	Commant il a tot son pais perdu
Mande ses bonies et il i sont uenu	Et com Girbers la ars et confondu
De son lignaige ni a nul remassu	Que menacie ne deffie nen fu
Vint y Haymons qui de Blancafort fu	Or a iure do sus le roi Iesu
Et Hugelins qui moult estoit son dru	Commant quil aut a cest li ples uenu
Et Sauaris a la fiere uertu	Li prince loient si ont tost respondu
Et Galerant le Poiteuin mambru	Niert pas insi com il lont entendu

Nachdem Hardoins, das Gelübde nicht achtend, alle seine Getreuen zum Rachekrieg gegen die Lothringer zusammengerufen, setzt sich die stattliche Streitmacht über Belin nach Gironville in Bewegung (288 c 24 — 289 b 21).

Gironville war, wie den Feinden bekannt, von den Lothringern verlassen. Nicht wenig erstaunt ist daher Ludie, welche mit einer geringen Schar in Gironville zurückgeblieben war, als sie plötzlich das Land ringsum in Rauch und Flammen stehen sieht und die ansehnliche Kriegsmacht des wortbrüchigen Hardoin erblickt. Dieses nimmt ihr jedoch keineswegs den Muth, denn fest entschlossen ist sie, die Stadt bis aufs Aeusserste zu vertheidigen. Man eilt sich zu rüsten und wagt einen glücklichen Ausfall, bei welchem der Graf Hugelins gefangen genommen wird. Der Verlust dieses tapferen Ritters wird von Hardoin sehr beklagt; desshalb schickt er einen Unterhändler an Ludie, um die Auslieferung des bei ihm in hohem Ansehen stehenden Gefangenen zu erwirken, wofür er die Belagerung aufzuheben und sofort abzuziehen verspricht. Ludie weisst aber diese Anerbieten entschieden zurück und erklärt, dass über das Los Hugelins ihr zurückkehrender Gemahl zu entscheiden habe. Missmuthig vernimmt Hardoins diese Botschaft und schickt sich an, die Stadt nun gewaltsam im Sturme zu nehmen. Ludie aber weiss durch ein kühnes Mittel die Stadt zu retten (289 b 22 — 291 c 1).

2—16]	291 c	[17—30
De Gironuile sen part le messagier	Que a lassut noisent sans delaier	
Moult corteciez not an lui quairier	Dont ueissez sergens apareillier	
Por Hugelin quil laissa prisonnier	Et gent a pie por lassut commancier	
A son seignor est reuenus arrier	Tot au deuant sont li arbalestrier	
Tot mot a mot li a pris anoncier	Cil del chastel qui duit sont del mestier	
Le dit Ludie que ne li uolt noier	Traient contrels nes vuelent esparnier	
Quant Heruis lot prist soi a correcier	Dame Ludie la bele o le uis fier	
Deu en iura le pere droiturier	Oi la noise le cri et le tampier	
Que maintenant le fera asegier	Et uit lassut qui moult fut fort et fier	
Et sil la puet ne tenir ne bailier	As siens esorie or ne vous esmaiez	
Jl la fera an tel leu anuoier	Alez isniaz et si ni delaies	
Ou pouc aura a boiure et a mangier	Sus cele tor cel mangonnel drecier	
Et Gironuile fera ius trebuchier	Foi que ie doi au baron Saint Richier	
Et ceus dedans ardoir et esxillier	Se il ne font lassut retraire arrier	
Maintenant fist et crier et huchier		

1—6]	291 d	[7—12
Ja lor ferai Hugelin balancier	Merci coisine por deu le droiturier	
Quant cil oirent Ludie desraisnier	Ne mociez ce seroit reprouier	
Le mangonnel courent apareillier	Ele respont ne ualt rien le plaidier	
Pus font saissir Hugelin et lier	Par celui deu qui tot a a iugier	
Dedans la fonde lont mis sans delaier	Ou il lassut feront en pais laissier	
Et il sescrie quant que il pot huchier	Ou de nos iert li lanceis premier	

13—21] 291 d [22—30

Hugelins fu correciez en la parriere
Les piez liez *et* les mains par derriere
Et dune guimple ot bandee la cbiere
Moult fut dolans li quens de grant
    maniere
Merci repr*ist* a Ludie *et* priere
Vez mon lignaige la sus cele riuiere
Mon frere i est qu*i* mai*m*me damor
    cbiere
Prierai lor qu*i*l se traient arriere

Dame Ludie dist Hugelin le ber

Ma cousine estes germainne sans douter
Li qu*en*s Fromons qu*e* Ie*s*us puist
    sauuer
Fut frere au nostre ce ne poez ueer
Moult me merueil qu*e* poez andurer
Qu*e* si uilmant me faciez demener
De ci a ces car me faites oster
Je crierai quant qu*e* porrai crier
A mon chier frere qu*i* moult me puet
    amer
Et a Herui qu*i* moult fait a douter

1—12] 292 a [13—23

Et au lignage qu*i* moult fait a amor
Qu*an* lor pais facent lor ost aler
Sil no me vuelent ici faire finer
Et dist Ludie bien le uoil creanter
Lors li com*m*ance les eulz a desbander
Et les liens de ses piez a coper
Pu*s* li com*m*ande sus les murs a monter
Et cil i monte qu*e* ni uolt delaier
Quant il i fu si com*m*ance a crier
Seignor por dou qu*i* tot ait a sauuer
Ne me laissiez pas ici deuior
En uos pais pansez del retorner

Ni faites plus ne lancier ne geter
Car se Ludie vo*us* enuoit plus meller
Ja me fera a grant honte liurer
Quant cil lendendent si pra*n*nent a
    panser
Qu*an* cuor de fame ne se doit nuns fier
Lors font lasaut retraire *et* rauser
Et si pensent trestuit a retorner
A Blancafort unit Hay*m*ons seiorner
O lui Hardoins qu*i* moult fait a douter
Li qu*en*s Harui *et* Anthiaumes le ber
Vont en lor terres sans plus de demorer

In Paris halte man indessen in Uebereinstimmung mit Pepin den Vernichtungskrieg gegen Doon und dessen Anhang beschlossen. Nachdem ein grosser Heerbann aufgeboten, bricht man über Biaumont nach Biauvez auf. Dort wird an den gegnerischen Grafen Lienart und Guion empfindliche Rache genommen. Weiter wendet man sich nach Rue, dessen Bürgerschaft sich den Lothringern auf Gnade und Ungnade unterwirft. Von da geht der verheerende Zug über Aubeville, St. Giosce nach Boloigne (293 a 3 — 295 d 5).

In Boloigne befand sich noch Doonz. Sobald er wahrgenommen, dass die Lothringer heranrückten, bereitete er sich mit seinem Kampfgenossen Guimart de Rue und all' seiner Ritterschaft zu einem Verzweifelungskampfe vor und wirft sich den Feinden entgegen; in dem sich nun entspinnenden Kampfe wird auf beiden Seiten heftig gestritten. Nach langer Gegenwehr muss endlich Doonz dem stürmischen Andringen weichen und ist gezwungen, verfolgt von den Siegern, sich in die Stadt zurückzuziehen (295 d 6 — 296 d 10).

11—21] **296 d** **[22—30**

Dedenz Boloigne sestoit feru Doon
Guimart de Rue au coraige felon
Et la maisnie dont il orent foison
Et Mauuoisins le nobile baron
Et si dui fil Morandin et Raymon
Apres elz antrent pelle melle abandon
Et auec elz maint gentil compaignon
.ccc. et plus qui sont grant renon
La ot estor et grant occiaion
Ne cuit si grant en chastel ueist on
Mors fut Guimart dun espie abandon

Sel trebucha Morandin le baron
Jus a la terre deuant les pies Doon
Que moult en ot au cuer grant
marrison
Bien sot et uit ni aura garison
Se pris iest ni aura reancon
Quil ne soit mis a grant destruction
Vers la tor dordre dont haut sont li
donion
Sen uait fuiant por sa saluacion
Mais Mauuoisins qui ait beneison

1—15] **297 a** **[16—30**

Li fu deuant a son col le blazon
Qui li deffant lantree com preudon
Quant Doz le uoit si en ot marrison
Vers la marine torne son arragon
Ou il auoit apreste .1. dromon
Dedenz sen antre le traitor felon
Li marrenier lieuent le tref anson
En mer sesquipent qui quan poist ne
qui non

Par la poitrine li est le fer passe
Li destriers chiet et Doonz est uerse
En mi la nef tot estendu pasme
A une estache sest au cheoir hurte
Que par .1. pou quil ne sest afronte
Mais nequedant bien sen est eschape
Que siglant uait la nef a sauuete
Si en est moult Mauuoisins aire
Toz correcies est arrier retorne
Boloigne ont prise Doon en uait
maugre
Ainz que li rois ne Girbers le sene
Et le barnaige quil ont o elz mene
An seust rien par fine uerite
En la tor dordre est Mauuoisins monte
Sa grant enseingne au lyon dor bande

En mer se fu Doz li gris esquipe
En .1. dromont qui li fu apreste
Mauuoisins sest sus la riue areste
Si correcies a pou nest forsene
En son poing tint son espie noele
Apres Doon la apres lui rue
Le destrier a sus la crupe asene

1—14] **297 b** **[15—30**

Desus la tor a mise par fierte
Li rois de France et li riches barne
Ont uers Boloigne droitement regarde
Le chastel uirent et la grant fermete
Et la tor dordre qui fu dantiquite
Virent lenseigne Mauuoisin le sene
Et le lyon ont formant auise
Moult senmeruaillent sa luns lautre
esgarde
Et dient tuit foi que doi damede
Moult est cist hons plains de tres
grant fierte
Commant puet estre commant a il ouure
.1. estornel par deu de maieste
Ni eust pas en mains de terme este
Girbers lentent si li uint moult a gre

Lie et ioiant se sont achamine
Jusqua Boloigne ne si sont areste
Parmi la porte sont en la uile antre
Ancontre uint Mauuoisins le sene
Et si dui fil que il a moult ame
Lamperere a Mauuoisin acole
Pus li a dit par debonairete
Mauuoisins frere par sainte charite
Bien resanblez au noble parante
Par vous auons cest grant fermete
Ou est Doon ne me soit pas cele
Randez le moi se il vous uient a gre
Par celui deu qui en crois fut penes
Et qui de uirge en Beliant fu nes
Hui en cest ior tel iustice en fere
Qua toz ior mais en estera parle

1—3] **297 c** **[4—6**

Dist Mauuoisins sire rois a non de
Nen auroiz point il nos est eschape
En vne nef est enui esquipe

Fuiant sen ua a haut uoile leue
Mes de Guimart sommes aseure
Pansez del cors que il soit anterre

2*

Gentis hons est si seroit reproue
Se mors estoit uilainnement mene
Et dist li rois moult aues bien parle
Ainsinc iert fait con laues deuise
Lor fu Guimart et prie et atorne
Et a liglise fu gentement porte
Messe li chante hautemant .i. abe
Quant le seruise fu tot dit et fine
Denant lautel fu li cors anterre
Pus san partirent que ni ont demore

En la tor dordre sen est li rois antre
O lui Girbers et Hernaus le sene
Et le bernaige qui moult fut anore
Voiant toz cels qui la sont asamble
Dist Manuoisins au roi par amiste
Sire fait il de cest pales liste
Vos fas le don que ie lai conqueste
Je le vous rant a vostre volonte
Li rois lentent si len ait mercie

Pepin bricht dann mit dem Heere nach Artois auf, wo er mit Gerin und Reniers zusammentrifft. Von hier aus unternehmen sie gemeinsam weitere Kriegsfahrten (297 c 26 — 298 b 18).

Doonz war mit dem Schiff nach Bordelle entkommen, wo er bei Hardoin gastliche Aufnahme fand. Beide verschwören sich gegen die Lothringer.

Del quens Doon .i. petit uos dire
Qui de Boloigne an son dromont ferre
Sen uait par mer dolant et esgare
Li marronnier ont lor uoille leue
Tant ont a force et nagie et sigle
Que a Bordiax sont .i. soir arriue

Si ont en haut lor dromont aancre
De la nef ist Doz li chanus barbes
.i. maronnier en auoit apele
Par celui ait a Hardoin mande
Queo lui iert annit mais hostele
Hardoins lot sen ait deu mercie

Ancontre uait que ni est demore
Et sont o lui .x. cheualier ale
Deci au port ne sont il areste
Quant Hardoins a Doon auise
Si li a dit que ni a demore
Bien ueigne Doz qui de moi est amez
Or sai ie bien de fine uerite
De moi ueoir estiez en panse
Doonz li est a lencontre leue
Si santre sont baisie et acole
Pus sont ensanble ens en la uile antre
Junquu pales no sont il areste
Et en monterent contre mont les degrez
Le mangier fut maintenant apreste
Leue demandent en lor a aporte
Doonz laua que il estoit lainane

Et a Hardoins ait apres lui laue
Pus sont asis a .i. dois a priue
Apres asistrent li cheualier manbre
Moult furent bien serui et abeure
Grant feste firent li prince et li chase
Mes qui quait ioie ne grant bruit
　　　　　　　　　　　　　demene
Doonz fu moult correciez et ire
A chief de piece auoit des eulz plore
Et en parfont a de cuer sospire
Hardoins la ueu et esgarde
Sil en auoit moult en son cuer pese
Cortoisement len ait araisonne
Biax sire Doz por sainte charite
Mes cousins iestes ne puet estre cele

Sauoir uoldroie que aues en panse
Si vous requier por deu de maieste
Que de nostre estre ne me soit rien cele
Sa pou de gent iestes en cest regne
Si neu soiez ne pensis nesgare

Se uns vous ait correcie ne ire
Assez est riches li nostres parantez
Se par amor no vous est amande
Jl en sera chieremant compare
Et dist Doonz moult aues bien parle

11—19]   268 d   [20—30

Sainninc estoit *com* lauez deuise
Mes si grant gent sont o les noz melle
Q*ue* ai anuis serions racorde

Hardoins nies ce dist Doonz le gris
Deuoir sachiez moult auons annemis
Li rois de France ma tolu mon pais
Hors de Coloigne man sui uen*us* fuitis
Rien nez getai por uoir le vo*us* pleuis
Fors q*ue* mes armes *et* mon destrier
              de pris

Q*ui* el dromont me fut dune glaiue ocis
Q*ue* me lenca Mauuoisins le marchis
Dedesoz moi chai li arrabis
Prise ont Boloigne sien enragerai uis
Se ie ne ai *con*soil de mes amis
A uos men sui uen*us* bia*x* nies gentis
Secorrez moi por deu de paradis
Hardoins lot ni ot ne geu ne ris
Sire fait il foi q*ue* doi Saint Denis
Ne vo*us* faudrai tant *com* ie soie uis
Mes dune chose sui forma*nt* antrepris

1—16]   299 a   [17—30

Q*ue* malemant est cist pais maumis
Qua*n* ceste *terre* sest li rois Girb*ers* mis
Li qu*en*s Hernau*s* qu*i* moult iert posteis
Toz li pais en est poures chaitis
A Gironuile est retenus *et* pris
Nostre neuons li nobles Hugelins
Cil q*ui* fut filz Guillau*me* le marchis
Tient le Ludie la bele o le cler uis
Q*ui* deua*n*t moi lot el mangonnel mis
Por balanoier q*u*ant ma foi li pleuis
Ne forferoie na li na son pais
Et plus i a q*ue* ie ne uos deuis
Girb*ers* me tint sans nulle doute pris
Por acordance q*u*ant de lui fui partis
Dedens mespaule destre la crois asis
Outre la mer a aler li pleuis

Nen ai rien fait or uait del tot an pis
Car le matin semondrai nos amis
De uos aidier sui bien uolanteis
Que par celui qu*i* en la crois fut mis
Mielz uoil morir q*ue* ian soie fuitis
Granz merciz nies dist Doz li posteis

Au souper sistrent Hardoins et Doon
Et le lignaige qu*i* ait maleison
Qua*n*t mangie orent li p*r*ince *et* li
              baron
Les napes traient escuier *et* garson
Sor vne table sont assis li baron
Tantq*ue* fu oure de couchier *et* saisson
Couchier sen uont ni font arestoison
Iusq*u*au matin au chant des oisseilonz

1—2]   299 b   [3—4

Q*ue* se leua Hardoins le fellon
Ses olers manda *et* uindrent abandon

Si a fait faire maint brief maint
              quarreignon
Manda ses homes autor *et* anuiron

Nachdem sie so einen mächtigen Heerbann aufgebracht, wenden sie sich gegen Gironville, um den gefangenen Hugelin zu befreien und die Stadt mit Feuer und Schwert zu vernichten. Unterwegs verbreiten sie Raub und Mord, indem sie das offene Land mit allen Gräueln der Verwüstung durchziehen (299 b 5 — 299 c 22).

Ludie, welche zeitig von dem geplanten Ueberfall unterrichtet war, hatte Hernaut und die Lothringer durch Eilboten um schnelle Hülfe gebeten. Wiederum verweigert sie deshalb trotzig die Auslieferung des Grafen Hugelin, wesshalb Doonz und Hardoins Alles zur Erstürmung der Stadt vorbereiten. Beim ersten Ansturm werden die

Angreifenden durch einen Hagel von Bogenpfeilen überschüttet.
Viele werden getödtet und verwundet; auch Hardoins erhält einen
Pfeilschuss, der ihn kampfunfähig macht. Man steht desshalb so
lange von der Eroberung der Stadt ab, bis Hardoins wieder ge-
nesen sei (299 c 23 — 301 b 8).

Während sich dieses im Westen des Frankenreiches zutrug,
hatten Pepins, Girbers nnd Gerins die feindlichen Städte Perronne,
Roie und Neele zerstört. Von Lenz aus war ihnen Huedes von
Flandern entgegengezogen, worauf es zu einem heftigen Kampfe
gekommen und Huedes von Malvoisin ·verwundet worden war.
Huedes musste sich dann nach Lenz zurückziehen, worauf diese
Stadt von dem gewaltigen Heere der Lothringer eingeschlossen
wurde. Als er der grossen Macht der Belagerer gegenüber keinen
günstigen Ausgang erhoffen konnte, bat er Pepin um Waffen-
stillstand. Von beiden Seiten kam man dann überein, dass zum
Weihnachtsfest sich alle Parteien in Paris versammeln sollten,
um nach so langen Kriegen endlich einen Friedensschluss her-
beizuführen (301 b 9 — 304 d 22).

Als das Weihnachtsfest herangenaht, geht aller Helden Fahrt
nach Paris an den Hof Pepins. Dort finden die Friedensver-
handlungen statt.

28—29] 304 d [30

Ne uos ferai le plet plus aloignier	Y ansanblerent tant gent li losangier
Au ior nomme ce os bien tesmoignier	

1—12] 305 a [13—23

Qua la cite ne porent herbergier	Gart lampsrere et le bernaige fier
Li quens Huedons et Doon le guerrier	
De Saint Richier Guillaume au cors	Huedes de Flandres qui moult ot
legier	hardement
Et Raucelinz de Lenz qui moult lot	Lampereor salua hautemant
chier	Cil damedex qui maint el firmament
Et le lignage cui dex doinst ancombrier	Et qui nasqui de uirge en Beliant
.xxui. contes et plus au mien cuidier	Jl gart le roi qui douce France apant
En sont monte el grant palos plenier	Et il maudie et doinst painne et tor-
Le roi tronerent et les lui sa moillier	ment
Le roi Girbert et Gerin le guerrier	Cels de cui sont bai li mien parant
Et le lignage a cui dex puist aidier	Girbers loi si taint de mantalant
Huedon de Flandres si parla tot	Si li respont moult aireemant
premier	Tais toi lichieres li cors deu te
Cil damedex qui tot ait a ingier	crauant

24—26]   305 a   [27—30

Que toi ne ta gent ne ains ie uoir niant	Si ne ua mie sermonant longemant
Tant que soit faite pais ne acordemant	Sau roi Gerin qui est ci en presant
Vuels pais ou guerre di le moi erram-	Et a Hernaut le preu et le uaillant
mant	Et as mes amis de coi ie sui dolant

1—14]   305 b   [15—30

Vuels la grant perte restorer bone-	Quapres la pes qui dura longemant
mant	Fut Fromondin murtriz vilainnemant
Que lor ont fait toi [et] ta mule gent	En traison en .1. bois soutilmant
Aprestes sui de faire lieement	Ou seruoit deu de cuer et bonemant
Ou se ce non par le cors Saint Amant	Jcestui fait demant premieremant
Comparra lon· telz qui nen set niant	Et pius les autres dont ia plus de cent
Et dist Huedons moult parlez baude-	Mauuoisins ot la parolle et entent
mant	Par .1. petit que li cuers ne li fant
Mes li afaires ira tot autremant	En piez sailli li frans hons maintenant
Li rois Gerins que ci uoi en presant	Le conte Huedon feri si duremant
A ma terre arse et tornet a tormant	De son poing destro qua la terre
Et mort mon frere dont iai le cuer	lestant
dolant	Dedans la goule le li brisa .1. dent
Por pais auoir et por acordemant	Pus li a dit fel traitres puant
Sont ci uenu nostre meillors parant	De traison par cest cop vous desmant
Qui a mesfait a lautre si lamant	Pus trait son gant tost et isnelemant
De ceste guerre fustes vous comman-	Au roi an uient et son gant uait
sant	tendant

1—15]   305 c   [16—30

Et li a dit souef et doucemant	Que iesi vuelt son gage presanter
Droiz ampereres mon gage vous presant	Doon le conte an prist a apeler
Ancontre Huedon le roi Girbert deffunt	Le quens de Guines et Hardoin le ber
Que traison ni ot en pensemant	Cel de Grantpre ne uoil pas oublier
Se Fromondins morut hontousemant	Li quens Heruis qui Lyons dut garder
Deserui lot si vous dirai commant	Et Raucelin et tuit li autre per
Confession querions uoiremant	.xxiii. furent mais toz nes uoil nommer
A .1. prodomme qui ni noit saintemant	Seignor dist Huedes commant por-
Quant Fromondins sot tot uostre erre-	rai ourer
mant	Cist Loheranc nos vuellent mal mener
.ii. coutiax fist forgier isnelemant	Mauuoisin uoelt uers moi gage donner
Murtrir uos uolt trestoz.iii. uoiremant	Ne sa commant iel puisse refuser
Gerins lo\ist ie nel noie niant	Et dist Doonz ice laissiez ester
Se traison i met nuns autre anant	La concordance nos couient confermer
Voistsadouberprestsont mi garnemant	Et a lor bon ceste chose amander
Quant li quens Huedes ot Mauuoisin	Mes quant sera Girbert au retorner
parler	

1—7]   305 d   [8—14

A celz de sa le ferons comparer	Sans nos laidir et sans nos vilanner
Et cil respondent ce fait a creanter	Por pais auoir dex la nos doinst trouer
Adon si ont lor parlemant finer	Sau roi Girbert que ie uoi la ester
Deuant le roi an sont uenu ester	Ne u Gerin na Mauuoisin le ber
Doonz parla qui ne se uolt celer	Nau conte Hernaut na prince ne a por
Droiz ampereres faites moi escouter	Qui de par elz se uoille reclamer
En sauf conduit nos feistes mander	Auons mesfet en fait ne en panser

24

15—23]   **305 d**   **[24—30**

Moi *et* li mien som*mes* prest damander
Q*ue* nauons soing de guerre demener
Dist la roine ce fait a creanter
Sainsi le faites com nos oi deuiser
Ancor porroiz n*ostre* amor recourer
Dist Doonz dame tuit le uolons iurer
M*ais* Mauuoisin si nos a fait irer
Q*ui* le conte Huedon a fait si uilaner
Dist la roine tot ce laissiez ester

Car a pais faire nestuet mal racorder
Se v*ous* uolez toz a moi acorder
La pais ferai cui quan doie greuer
Dist Doonz dame tot ce mestuet
                 creanter
An uostre dit nos volons bien fier
Pu*s* dist en bas q*ue* ne fu escoutez
Par celui deu q*ue* deuons sourer

1—15]   **306 a**   **[16—30**

Cest cop ferons qui q*ue* soit achater
La franche dame q*ui* moult de ualor a
Lempereor doucemant apela
Sire dist elle por deu q*ui* tot forma
La pais est mise sor moi de celz dela
Se lotroiez tantost faite sera
Car a mon gre Hued*es* en ouerra
Et toz les siens sor sains iurer fera
Dist li rois dame ie nel desdirai ia
Lors uint auant Doonz si le iura
Et pi*us* Huedon*s* *et* celz q*ui* sont de la
Q*ue* nuns la dame de rien ne desdira
Girb*ers* li prous tot autre tel fera
Et trestot celz q*ue* o lui amena
Q*uant* iure orent chascun*s* santre baisa

Q*ue* la roine issi le com*m*anda
Pu*s* dist en haut q*ue* chascun*s* oi la
Que li quens Doz la perte restora
De Coloignois q*ue* par force brisa
Et a Renier q*ui* Cambrai pesoia
Por ce sans plus q*ue* por lui com*m*ansa
Et lamp*er*eres q*ui* o Girb*er*t ala
Tot Vermandois et Artois refera
La terre Hern*aut* q*ue* Hardoins anpira
Ert amandee des princes par dela
Et de Lyons Heruis q*ue* ie uoi la
Voeil de Dijon dont la proie amena
Quant quil en prist arrieres reuendra
Et qui encontr*e* icest couent ira
Terre *et* honor uers le roi forfera

1—2]   **306 b**   **[3—4**

Chascun*s* respont desdite nen sera
En tel maniere la guerre demora

Li ost depart qui arrieres sen ua
An son pais chascun*s* sen repaira

Siebenzehn Jahre hatte der Friede gedauert [1]), als eines Tages
Doonz, Hymbers und dessen Sohn Berneysons den Grafen Raoul
in seiner Hauptstadt Cambrai aufsuchen. Derselbe war weithin
berühmt als waffenkundiger und tapferer Ritter. Desshalb hatte
ihn Hymbert zum Lehrmeister für seinen Sohn ausgewählt. Der
Bitte des Vaters, den jungen Berneyson in der Waffenkunst und
im Ritterbrauch zu unterweisen, leistet Raouls gern Folge. Unter
der Leitung seines trefflichen Lehrmeisters wächst der Knabe
kräftig empor und bringt es zu grosser Fertigkeit im Turnier- und
Ritterwesen; auch werden Beide durch Freundschaftsbande eng

---

1) Hier beginnt die eingeschobene Erzählung von Raoul de Cambrai,
deren vollständiger Text in der Ausgabe der »Société des anciens textes
français«, 1882, p. 297 ff. abgedruckt ist.

aneinander geknüpft. Da dringt plötzlich die Kunde zu ihnen, dass sich Huedes und Doonz zum Krieg gegen die Lothringer vereint und ihren Kriegszug bereits gegen Cambrai gerichtet hätten. Huedes hatte nämlich die ihm von Malvoisin in Gegenwart des Königs, des Hofes und jener glänzenden Versammlung am Weihnachtsfeste zugefügte Beleidigung nicht vergessen können; ärger denn je war eines Tages der alte Groll in seiner Brust erwacht und in seinem unbändigen Kriegersinn hatte er im Bunde mit Doon einen Rachekrieg gegen das verhasste Geschlecht der Lothringer zu unternehmen beschlossen (306b 5 — 306d 24).

Raouls, der zuerst von dem Feinde bedrängt wird, lässt Pepin und die verbündeten Lothringer dringend um Hülfe bitten. Diese entbieten schnell all' ihre kühnen Ritter nach Cambrai; die Stadt finden sie schon von den Bordelesen belagert. Sogleich beginnt eine heftige Schlacht, in welcher der junge Berneyson sich seines Lehrmeisters würdig zeigt und Wunder der Tapferkeit verrichtet. Erst die Nacht trennt die Kämpfenden. Die Lothringer ziehen in die Stadt ein, während Doonz und Huedes mit ihrem Heere im Lager übernachten. Am nächsten Tag entbrennt der Kampf noch heftiger; die Lothringer aber bleiben Sieger und die Feinde entfliehen nach Lenz. Nach dem Siege belehnt Pepins den Grafen Raoul mit den Städten Perronne, Roie, Neele und Hans, deren Besitz er sich aber noch erkämpfen muss (306d 25 — 308c 27).

Mit seiner Ritterschaft zieht Raouls nun hinaus, um die ihm zugesprochenen Städte zu erobern. Der Weg, den er nimmt, hinterlässt die Spuren der grausamsten Verwüstung. Seine zügellosen Scharen zerstören Aecker und Ernten, misshandeln die Landbewohner, brennen Schlösser, Dörfer und Gehöfte nieder. Selbst heilige Stätten werden nicht verschont. So wird das Kloster St. Vincent mörderisch überfallen und von Grund aus zerstört. Während es in Flammen steht, wirft sich Berneysons vor Raoul nieder und fleht, der Verwüstung Einhalt zu thun und der Nonnen zu schonen, unter denen sich seine Mutter befände. Hohnlachend weist dieses Raouls zurück. Da Jener noch weiter in ihn dringt

und ihn beschwört, das Leben seiner Mutter zu retten, versetzt er
ihm wüthend einen Faustschlag ins Gesicht. In wilden Zorn
bricht nun Berneyson aus und versichert ihn seiner fürchterlichen
Rache; in seiner masslosen Wuth ergreift er eine Lanze, zückt
sie gegen Raoul und würde ihn unfehlbar durchbohrt haben,
wenn nicht ein Ritter, dem Bedrohten zu Hülfe kommend, sich
zwischen Beide geworfen und so für seinen Herrn den Todesstoss
empfangen hätte. Berneysons entkommt und flieht nach Lenz zu
Doon, bei dem sich auch sein Vater Hymbers als dessen Bundes-
genosse aufhält (308 c 28 — 309 a 30).

Sobald Pepins und die andern Helden erfahren haben, was
vorgefallen, brechen sie auf der Stelle nach Lenz auf, um den
Frevel des jungen Berneyson zu bestrafen. Dieser hatte durch
die Erzählung von der Grausamkeit Raouls und der ihm ange-
thanen Schmach die Anhänger der Bordelesen aufs höchste gegen
die Lothringer aufgebracht. Desshalb erwarteten sie wohl vorbereitet
auf dem Plane vor Lenz die Ankunft der Feinde (309 b 1 —
309 d 12).

Beide Heere hatten sich vor Beginn des Kampfes in treffliche
Schlachtordnung aufgestellt. Die Bordelesen sind in neun, die Loth-
ringer in zehn Abtheilungen getheilt[1]). Die Schlacht beginnt dann
fürchterlicher denn je. Berneysons hat im Gemenge endlich Raoul er-
blickt und stürzt sich in freudiger Wuth auf den verhassten Feind,
um im Zweikampf persönliche Rache zu üben. Der Jüngling
übertrifft den älteren Lehrmeister an Ausdauer und Geschicklich-
keit, überwältigt ihn und wirft ihn todt zu Boden. Dieses erfüllt
die Lothringer mit Schmerz und Wuth und lässt sie mit erneuter
Kraft dreinschlagen. Endlich ist der Sieg ihrer, der noch durch
die Gefangennahme von Doon, Hymbert und Berneyson an Be-
deutung gewinnt. Es wird nun ein Kriegsrath über die drei Ge-
fangenen gehalten, die ihre vollständige Unterwerfung erklärt

---

1) Die Anführer der einzelnen Abtheilungen werden aufgeführt, die
Grösse der verschiedenen Scharen wird angegeben und die Schlacht selbst
in äusserster Breite geschildert.

hatten. Man lässt ihnen das Leben und schliesst Frieden, den heilig zu halten Alle beschwören (309 d 13 — 312 c 14).[1])

Hiermit gelangen wir, erst am Schluss der Dichtung, an den Theil, welcher den eigentlichen tragischen Ausgang, die Folge der Ermordung Fromondins, nämlich die persönliche Rache des letzten bordelesischen Sprossen, des Neffen Fromondins an Girbert, zum Gegenstand hat. Freilich sind auch die voraufgehenden Kämpfe aus dem Motiv der Rache wegen Fromondins Tod hervorgegangen; sie sind aber zu blinden, von gegenseitigem Hasse getragenen Partei-kämpfen ausgeartet, deren eigentliche Ursache, bei der äusserst verwickelten und breiten Darstellung der Ereignisse, sich nach und nach völlig aus dem Gesichtskreis verloren hat. Der Schluss gestaltet sich folgendermassen:

Nachdem Friede geschlossen, kehren die Helden in ihre Länder zurück. Pepins begiebt sich nach Paris, Gerins nach Cologne und Hernaus, begleitet von Girbert, Doon, Hymbert und Berney-son, nach Gironville. Dort werden sie von Ludie empfangen, die mit Freuden vernimmt, dass zwischen ihrem Geschlecht und dem der Lothringer nunmehr Friede geschlossen ist. Derselbe wird durch herrliche Feste und fröhliche Gelage gefeiert. Eines Tages vergnügt sich Girbert mit einigen Rittern beim Schachspiel, wäh-rend sich dessen Söhne, Yon und Garin, mit den beiden Söhnen Hernauts durch ritterliche Spiele in der Burg die Zeit vertreiben. Bald jedoch genügt ihnen der enge Raum innerhalb der Mauern nicht mehr und es treibt sie hinaus auf die Jagd (312 c 15 — 312 d 30).

1—8]	313 a	[9—16
Li quatre anfant ne uolrent arester		Lesmereillons *commance* a randonner
Lor palefrois orent fait anseler		Laloe *prist* ne li pot eschaper
As chans san uont por lor cors deporter		A tant sasist si la prant a plumer
Yons li biax qui tant fait a loer		Lanfes descent ne uolt plus arester
.1. esmeril qui bien sauoit uoler		Son oissel prant ne lo uolt oublier
Tenoit li anfes ne le *vous* quier celer		Laloe ausi *et* pius reua monter
Ses chiens li fait les aloes leuer		Ses *compaignons* en prant a apeler
Et lanfes lait son esmeril aler		Seignor fait il nel me deues celer

---

1) Hier schliesst die Geschichte von Raoul de Cambrai.

Mes esmeril ne set il bien uoler
Li ainsnes filz *Hernaut* prant a crier
Oil par deu mais telz lait a garder
Qui mielz sauroit mangier dun grant
                                singler
Quil ne sauroit .i. esmeril porter
Mais sou tenoie iel sai bien sans fauser
A la *perdris* lo lairoie uoler

Quant Yonet loi ainsi parler
Honte an ot *grant* color prant a muer
Sil fut iries ne lestuet demander
Mais il sot bien son cuer a mesurer
Car il nait cure de son coisin meller
Mais *par* parolle vuelt a lui estriuer
Par deu fait il iui moult oi conter

Que grant merueille saues bien oisseler
Fox est li rois qui France ait a garder
Quil ne *vous* mande por ses oissiax
                                porter
Li filz *Hernaut* quant ainsi lot parler
De fin corous cuide uie forsener
Vers lui sen ua ne uolt plus arester
Loissel li uait fors de ses poins oster
Yons le uoit prant li a escrier
Vuelz tu loisel coisins nel me celer
Jel te donrai ne lo quier refuser
Cil li respont del *vous* couient parler
Je lauerai cui quan doie peser
San deuies de duel an fin creuer
Atant lo uant *par* la teste coubrer
Yons lo uoit not an lui quairer

Hauce loissel *grant* cop li uait paier
Sus le uiaire le sot bien assener
Trestot le uis li fait ansanglanter
Mort fut loixel ne pot longes durer
Puis li u dit .iii. mos *par* reprouier
Filz a putains tant *vous* soloie amer
Mais ton lignage te couient resanbler
Quaine ne finerent de traison mener
Cil san tornait ou il not quairier
Son ioule frere fait auoc lui aler
Bien uoit la force ni porroit rien monter
Vers Gironuile sen prant a retorner
Damedeu iure qui le mont doit sauuar
Vangerait sen ail puet longes durer
Si fist il pius dex li puist mal donner

Vont san li fil *Hernaut* grains *et*
                                marris
Vers Gironuile se sont au retor mis
An la porte antrent ni ot plus terme
                                quis
Deuant la salle descendent ce meat uis
An la chanbre antrent dolans *et* esbais
Ou iart Ludie lor mere o lo uis cler
De ioste li seoit Doonz li gris
Ymbers li uiax *et* Berneysons li gentis
Lor amis plorent qui sont mors *et* ocis
Sil bien pooient ueniance en seroit pris
Et les anfans corresous *et* marris
Ludie esgarde son ainsne fil el uis
Sanglant le uoit san fut ses cuers
                                marris
Lors li demande dont uiens tu biaus fis

Qui ta ce fait di le moi biax amis
Lanfes respont ia *vous* iehis
Sa fait Yons a roi *Girbert* est fis
Se ne man uange ie enragerai uis
Respont la mere bien dites biaus dous fis
Car *Girbert* ait ton parante ocis
Fromont mon pere qui tant fut de
                                haut pris
Et Fromondin qui prous fut *et* iantis
Cil fut mes freres par foi lo te pleuis
Li rois *Girbers* sest as esches assis
Vai si locis iou te pri biax dous fis
Vange ton oncle *et* tes autres amis
Que *Girbers* ait detranchies *et* ocis
Et toi meismes quiert *par* son fil laidis
Moult dites bien dame dist Doz li gris
Se il lou fait toz iors iert nostre amis

Enuers tous homes serommes sui aidis
Lanfes lentant hardemant li est pris
Lor consoil crut de sou fut fox *et* bris
Car an la fin an sera mal baillis
En la sale antre qui ni a terme quis

Girbert i uoit ne san est garde pris
Cil anbaisa sa leschaquier saisit
Pus fiert *Girbert* antre front *et* le uis
Le test li brise li ceruiax est saillis
Mort le trabuche li cuuers maleis

29

Cil man retorne par cui il fut ocis
Droit uers la chanbres errant seat
      dedans mis
La gent lo roi sont en estant saillis
Mais pou estoient et darmes desgarnis
Vers lor hostes sont maintenant
      ganchis
Es cheuax montent corrans et arrabis
De la uile issent que congiet ni ont pris
Droit uers Gascoigne au retorner sont
      pris
Yon ancontrent et Garin ce mest uis
Conte lor ont com lor pere est ocis

Li anfant loient ni ot ne geu ne ris
Dame deu iurent que ueniance en
      iert pris
Ja se fuisient an Gironuile mis
Por lo uangier contre lor anemis
Quant de lor homes furent as frains
      misis
Pus lor ont dit volez vous estre ocis
Nauons pas force de ce sommes nos fis
Car trop ont gent nos mortes ansemis
A cest mot fut lor chamins ucoillis
Tant ont ale an Gascoigne sont mis

Hernaus halte sich während dieser Vorgänge ausserhalb der Stadt unter einer Ulme sorglos der Ruhe überlassen. Die Trauerkunde von der Ermordung des edlen Girbert versetzt ihn in gewaltigen Zorn. Er schwört den Meuchelmörder, wenn es auch sein eigener Sohn sei, mit dem Tode zu bestrafen. Diese Drohung wurde Ludie hinterbracht, welche den Sohn mit Bitten bestürmt, sein Heil in der Flucht zu suchen. Es gelingt ihm dieses auch unter dem Schutze Hymberts, Doonz' und Berneysons noch ehe Hernaus in den Palast zurückgekehrt war (314a 1 — b 5). Hernauts Trauer um Girbert ist gross:

Les degres monte ne se uolt arester
Choisit lo cors si conmance a plorer
De la dolor lestut .iii. fois pasmer
Quant se redrece prant soi a escrier
He Girbers sire tant faisies a loer

Qui vous a mort dez li puist mal
      donner
Nest pas mes fis iel sai bien sans fauser
Car sil lo fust ia ne losast panser
. . . .

314 b 26 Ou est Yons ie uoil a lui parler
     Il et Garins qui tant fait a loer
     Si manderont lor pere a dolouser

Unermesslich wird seine Wuth, als er erfährt, dass der Mörder entflohen und gross wird sein Schmerz bei der Kunde, dass Yon mit seinem Bruder der ungastlichen Stadt den Rücken gewendet hat. Hernaus lässt darauf den Leichnam kostbar einbalsamiren und auf eine Babre legen. Der Trauerzug setzt sich dann unter den klagenden Gesängen der ihn begleitenden Mönche durch die Gascogne nach Toulouse in Bewegung. Dorthin hatten sich Yon und Garin begeben. Als die Knaben den Leichnam des Vaters erblicken, brechen sie in lautes Wehklagen aus; nochmals geloben sie feuerlichst ihren Vater furchtbar zu rächen. Am folgenden Tage wird Girbers unter grossen Trauerfeierlichkeiten beigesetzt (314 c 1 — 814 d 6).

In dem Palast zu Toulouse versammeln sich darauf die Barone und Edlen des Landes und wählen Yon zum König. Am Pfingst-fest findet die Krönung statt:

12—14]	314 d	[15—18
A pantecoste que li bois sont ramez		Qui ait amie souant est uisitez
Que naist la flors et ranuerdissent prez		Cil de Gascoigne se sont tuit assnblez
Cil oissel chantent par les uergiers		Droit a Toulouse ou tant ait richetez
	plantez	La fut Yonz richement coronnez

Das Krönungsfest wird mit aller Pracht gefeiert; viele Tage dauern die Feste, bei denen reiche Geschenke an das Volk ver-theilt werden. Yons wurde ein tapferer und edler König, der weise sein Land regierte. Aber auch seiner Vaters hatte er nicht vergessen; denn er rächte ihn in einem grossen Kriege, in dem die Söhne Hernauts besiegt wurden. Beide Brüder wählten sich da-rauf Gemahlinnen aus edlen Geschlechtern; aus ihrem Stamme entsprossen Hernaus von Biaulende und Aymeris, ferner Rayniers, der Vater Olliviers und Audes, Milles de Puille und Gerars de Vianne (314 d 20 — 315 a 20).

Die übliche Aufzählung der hervorragendsten Helden bildet auch hier wieder den Schluss:

315 a 30 Ci faut lestoire dou Loheranc Garin

1—4]	315 b	[5—8
Et del duc Beguee le signor de Belin		Et de Guillaume lorguillox de Monclin
Del conte Hernaut et del prout Mau-		Del quens Doon del Flamanc Baudoin
uoisin		DUedon son fil del fellon Raucelin
Et del lignage qui tant fut anterin		Et del lignage qui tant fut de put lin.
Del uielz Fromont de son fil Fromondin		Explicit —

Diese umfangreiche Fortsetzung hat Hs. M^a einzig und allein. Nach der vorstehenden Analyse, deren wesentlicher Inhalt die immer wieder von Neuem ausbrechenden Kämpfe zwischen den beiden feindlichen Geschlechtern bilden, wird man einen Grund nicht recht einsehen, warum Bonnardot (Rommania III. p. 229) vorgeschlagen hat, die Fortsetzung »Yon« zu betiteln. Dem gegen-über hat bereits Stengel (Zeitschr. f. roman. Phil. I. p. 138) den

durchaus zutreffenden Titel »La Vengeance Fromondin« vor-
geschlagen. Der unbekannte Verfasser dieses eigenartigen Ab-
schlusses bekundet wenig Originalität und Geschicklichkeit. Vor
Allem vermissen wir einen regelrechten Zusammenhang; die eigent-
liche Handlung schlängelt sich neben episodenhaften Einfällen
nicht nur langsam dahin, sondern verschwindet sogar zeitweise
und wird durch Einfügung nebensächlicher Darstellungen unter-
brochen. Dieses gilt vorzugsweise von der Geschichte Raouls und
dessen Knappen Berneyson, eines Theiles der Chanson »Raoul de
Cambrai«,[1]) die in einem Umfang von nicht weniger als 750
Versen in die angefügte Dichtung eingeschoben ist. Aber dies ist
nicht die einzige Entlehnung, die sich der Fortsetzer gestattet.
Auch der übrige Theil der Vengeance Fromondin ist nämlich fast
nichts anderes als eine Wiederholung voraufgegangener Ereignisse
des Girbert, die nur auf andere Orte und andere Personen über-
tragen sind. Als Beleg dafür mögen die deutlichsten Fälle hier
folgen.

Die Stellen 285 a 9 — 286 b 4 und 288 b 22 — 288 c 23[2]*)
sind Nachahmungen des Abschnittes 212 b 7 — 214 b 6 [S 134 b
39 — 134 c 41; N 120 v° I, 10—121 r° III, 3; Mone p. 273], in
welchem Fromondins, von Girbert besiegt, dem Krieg für immer
zu entsagen und von der Welt abgeschieden als Mönch sein Leben
zu beschliessen feierlich verspricht. Bald bricht er aber das Ge-
lübde und nimmt wieder an den Kämfen gegen die Lothringer
Theil. Ebenso wird später in den nachgebildeten oben angeführten
Stellen das Verhalten Hardoins gegen Girbert geschildert.

---

1) Raoul de Cambrai, Chanson de Geste, publiée par MM. P. Meyer &
A. Longnon. Société des anciens textes français, 1882. In dieser Chanson
entspricht Tir. XXIX—CLVI mit 2608 Versen dem Inhalt des Raoul in der
Vengeance Fromondin 306 b 5 — 312 c 14. Beide berichten die Abenteuer
Raouls übereinstimmend. In der Veng. Fro. hat der Verfasser die Person
des Raoul mit der Sache der Lotbringer verquickt und Raoul als ein Glied
dieser Familie hingestellt.

2) Ioh habe gerade von diesen Stellen in der Analyse der Veng. Fro. den
Text angeführt.

In dem Abschnitt 291 c 2 — 292 a 19 finden wir weiter eine unverkennbare Aehnlichkeit mit dem voraufgehenden 182 c 3 — 183 b 27. [S 116 d 3 — 117 a 45; N 108 v° III, 21—109 r° 46; Mone p. 269]. Diese Stellen haben die Belagerung Gironvilles durch Fromont zum Inhalt. Fromondins war bei einem Ausfall gefangen genommen worden. Hernaus, von den Belagerern hart bedrängt, weiss nun günstige Friedensbedingungen dadurch zu erzwingen, dass er Fromondin gefesselt auf die Mauern der Stadt führen lässt und ihn zu tödten droht. Sobald Fromons dieses wahrgenommen, erklärt er sich zu allen Bedingungen bereit, um das Leben Fromondins zu retten. Derselben Schilderung begegnen wir 291 c 2 — 292 a 19, nur sind in der Nachbildung obige drei Personen durch Hardoin, Hugelin und Ludie ersetzt. Der Ort dagegen ist derselbe.

Ferner ist 196 c 23 — 197 b 5 [S 125 b 24 — 125 c 42; N 114 r° III, 1—114 v° I, 22; Mone p. 270] Vorbild für eine andere Stelle der Vengeance gewesen. Der in der Schlacht bei Gironville besiegte Fromons sucht sein Heil in der Flucht; er entkommt nach dem Hafen von Blaives an der Gironde und springt in ein dort vor Anker liegendes Schiff, das auf seine Bitten und unter Versprechung reicher Geschenke sofort in See sticht. Da Malvoisins, der ihm nachgesetzt, seine Verfolgung vereitelt sieht, schleudert er gegen den auf dem Schiffe befindlichen Feind seine Lanze; sie verfehlt aber ihr Ziel und Fromont entrinnt der Gefahr. Genau diesem Inhalt entspricht 296 d 11 — 297 c 25. Was sich dort zwischen Fromont und Malvoisin zuträgt, ereignet sich hier zwischen Doon und Malvoisin.

Zu einer weiteren Nachbildung ist folgende Scene benutzt worden: Girbers und Fromons treffen mit ihren Gefolgschaften in Orleans zusammen. Auf Veranlassung der Gemahlin Pepins wird ein schiedsrichterlicher Ausgleich zwischen beiden Parteien zu Stande gebracht. Girbers und Fromons gerathen hierbei in einen heftigen Wortwechsel, in welchem sich Beide schmähen und ihre Geschlechter beleidigen. Girbers versetzt in seinem Zorn dem Gegner einen Faustschlag ins Gesicht; ein Kampf, der hierauf im

Saale auszubrechen droht, wird zur Noth gedämpft [*M* 172b 22
— 174c 20; *S* 109c 13 — 111a 31; *N* 106 r° I, 32 — 106 v° I,
11; Mone 266]. Dieselben Vorfälle finden wir später am Hofe
Pepins in Paris, wo auch wieder die Königin ihren Einfluss gel-
tend macht. Die Streitenden sind hier Malvoisins und Huedons
[304d 29 — 306b 4].

Die Wiederholung der folgenden Episode möge schliesslich
erwähnt werden, da sie ebenfalls noch sehr bezeichnend ist. In
dem Streit, in welchen Girbert mit Wilhelm von Monclin gerathen
war, wird Letzterer von Jenem beschimpft. Wilhelm, darüber
erzürnt, will Girbert erschlagen, verfehlt ihn aber und trifft einen
Ritter, der zwischen die Streitenden gesprungen war. Wilhelm
wird verfolgt und es entsteht eine blutige Schlacht. [*M*a 189d
15 — 195d 28; *S* 121d 18 — 124d 43; *N* 111 v° II, 39 — 114
r° I, 19; Mone p. 269]. Ebendasselbe trägt sich bei dem Zank
zwischen Berneyson und Raoul zu, der ebenfalls die Veranlassung
einer grossen Schlacht bildet [309a 16 — 312b 25].

Neben diesem unverkennbaren Spuren der Nachbildung treten
noch manche weniger hervorragende Züge aus vorhergegangenen
Episoden deutlich zu Tage. Hauptsächlich haben die häufigen
Darstellungen der Schlachten mit früheren Schilderungen dieser
Art viel Uebereinstimmendes.

Aber abgesehen von diesen vielfachen Entlehnungen kommt
noch die recht wirkungsvolle Schlussepisode in Frage. Die Er-
eignisse am Hofe zu Gironville, der Streit der Knaben auf der
Falkenjagd, die Art der Ermordung Girberts, die Klage Hernauts
werden hier genau so berichtet, wie wir sie in Redactionen vor-
finden, in welchen der Sohn Girberts als Hauptheld unter dem
Namen Anseïs auftritt. Dürfen wir nun schon wegen der erwie-
senen Unselbständigkeit des Verfassers der Vengeance Fromondin
die Schlussepisode nicht wohl als dessen eigenes Product ansehen,
so wird diese Ansicht auch nicht dadurch entkräftet, dass die mit
*M*a am nächsten zusammengehenden Hss. *S N* den Sohn Girberts
Anseïs statt Yon nennen.

Unter den uns erhaltenen Redactionen des Anseis $L N R S$ $T b v$[1]) stehen die von $S N$ überlieferten dem Texte der Vengeance Fromondin zweifellos am nächsten.[2]) Da sich nun $S N$ von der Originalredaction des Anseis weit mehr als $L R$, wie eine Specialuntersuchung leicht ergeben würde, entfernen, $S N$ wie $L R$ aber gleichwohl den Sohn Girberts mit Anseis bezeichnen, so kann offenbar M^a, welches diesen Sohn Yon nennt, nicht als die Quelle weder des Anseis überhaupt noch der Redaction $S N$ desselben angesehen werden, sondern muss vielmehr umgekehrt als aus der Anseis-Redaction $S N$ hervorgegangen betrachtet werden. Es steht ferner nichts der Annahme entgegen, dass der Verfasser der Vengeance Fromondin wohl auch den voraufgehenden Schluss des Girbert der Hss. $S N$ gekannt habe, da derselbe mit dem Schluss von M^a bis 259a 11 (resp. 259b 17) genau übereinstimmt, obwohl im Girbert von $S N$, offenbar um auf die nachfolgende Chanson d'Anseis vorzubereiten,[3]) der den übrigen

---

1) b v sind Prosabearbeitungen; a, das mir nur theilweise zur Verfügung stand, lehnt sich sowohl an L als auch S, v dagegen an N an. Wegen v, welches wie M^a dem Sohne Girberts den Namen Yon (Yonet) beilegt, siehe S. 87 ff.

2) Vgl. die von Harff demnächst in einem Erfurter Schulprogramm erscheinende vergleichende Analyse der verschiedenen Anseis-Redactionen.

3) In S fehlt ein eigentlicher Uebergang von Girbert auf den Anseis. Der Roman bricht vielmehr, mit Unterdrückung der letzten i-Tirade, bei der Rückkehr Girberts von der Wallfahrt aus Spanien ab. Der Schluss lautet:

18—20]	S 163b	[21—24
A Panpelune sont uenu au digner		Hostes dist il dieus uous croisse bonte
Apres mangier font leur harnois		Car ricement nous aues hostele
trousser		.n. mars dargent li a Gerbers donne
Li roys Gerbers a son hoste apielle		Pus prent congiet si sen est retournee

Auch M^a beabsichtigte wohl den im Lauf der Dichtung wiederholt zwischen den beiden feindlichen Familien ausbrechenden Krieg in ebenso ausführlicher Weise wie der Anseis zu behandeln. Die Yon mehrmals in den Mund gelegten Drohungen und Schwüre, im Verein mit seinem Bruder für des Vaters Tod furchtbare Rache an dem Mörder und dessen Stamme üben zu wollen, sind jedoch nicht in der von dem Dichter ursprünglich beabsichtigten Weise zur Ausführung gekommen. Nach dem Schluss hin ist

Girbert-Redactionen völlig unbekannte Sohn Girberts, Anseïs, bereits eingeführt ist. [1]) Da aber aus der untenstehenden Anmerkung hervorgeht, dass *N* den Namen Yon völlig unterdrückt und statt dessen Anseïs schon als Sohn erster Ehe eingeführt hat, ist *N* als Vorlage von *M*[a] ausgeschlossen und hat *M*[a] sonach direct aus *S*

vielmehr die Darstellung im Vergleich zu den vorhergehenden breiten Schilderungen verhältnissmässig zusammengedrängt und die Rache der beiden Brüder wird nur mit folgenden Worten nebensächlich erwähnt:

26—27]	*M*[a] 314 d	[28—29
Mais de son pere ne fut pas oubliez	Grant fut la guerre iamais tel ne naires	
Puis fut par lui li filz Hernaut matez	Garins ses freres laidait cest uerites	

1) *S* lässt nämlich abweichend von allen übrigen Redactionen des Girbert Yon bald nach seiner Geburt sterben und an seine Stelle als Girberts Sohn zweiter Ehe Anseïs treten:

34—41]	*S* 158 d	[42—47
Apres le deul se prist aconforter	Yon a non ensi lont apielle	
Deuant lui fait son enfant aporter	Por son tayon li ont tel non donne	
Kenkor nestoit baptisies ne leues	Pus sont arier el palais retourne	
Gerbers le uoit si pleure de pite	Pus font lenfant bien nourir et garder	
Tout maintenant lont au moustier porte	Tant le nourirent ke il sot bien parler	
.1. arceueskes ki preus fu et seues	Parmi la sale as cheualiers juer	
Le baptisa el non de dame de	Li rois Gerbers li a maistre donne	

1—2]	159 a	[3—4
Si la des lettres apris et doctrine	Et au .vIII.e morut il par vrete	
Tant lont nouri ke .vII. ans ot passe	Gerbers en a grant dolour demene	

Während kurz darauf *S N M*[a] ganz übereinstimmend die zweite Verheirathung Girberts mit der Tochter Aimeris von Narbonne erzählen, finden wir bei *S* in diese Schilderung folgenden Vers eingeschoben:

161 d 29 Celle nuit fu Anseys engenres

Der Anseïs bei *N* aber entspringt der ersten Ehe Girberts, wobei der Verfasser dieser Hs. die Beschreibung der Taufe, wie sie *S M*[a] geben, weglässt und nur die Geburt und die Erziehung des nicht mit Namen genannten Knaben erzählt:

21—25]	*N* 137 v° I	[26—29
Son filz a fet deuant lui aporter	Li rois Girbers li a mestre donne	
Girbers li bese .x. fois par amiste	A lettres la apris et doctrine	
Et si le fet tenir en grant cherte	Tant lont nori quil ot .vII. ans passe	
Qui le sembloit de la bouche et du nez	Girbers le uoit si en a dieu loue	
Tant lont nori que il se pot jouer		

Erst später führt dann *N* den Knaben unter dem Namen Anseïs ein:

N 138 v° II, 21 Anseys lor est encontre ale

oder aus einer Vorlage von *S* geschöpft, ähnlich wie *a* nach der Argumentation von Dr. Feist auf *S1* zurückzuführen ist. Wegen dieser nahen Verwandtschaft von *Ma* mit *S* habe ich bei den vorstehenden Vergleichungen von Stellen der Vengeance Fromondin mit solchen des Girbert stets die Redactionen *S* des letzteren zu Grunde gelegt, aber auch auf *N* verwiesen.

Im Vorhergehenden wurde immer nur hervorgehoben, dass die Hs. *Ma* mit ihrer Fortsetzung des Girbert völlig isolirt dastehe, gleichwohl existiren noch zwei andere bisher nicht erwähnte Fortsetzungen der Lothringer Geste, in deren einer dasselbe Brüderpaar Yon und Garin, welches im Schluss der Vengeance Fromondin eine hervorragendere Rolle spielt, auftritt, während in der zweiten Yon allein wiederbegegnet. Die erstere Fortsetzung gehört der im Eingang erwähnten holländischen Bearbeitung, die zweite Philippe de Vigneules Prosa-Redaction *v* an. Der uns nur bruchstückweise überkommene holländische »Roman der Loreinen« zerfällt in drei Bücher, deren erstes den erhaltenen französischen Lothringerliedern entspricht. In dem zweiten finden wir dagegen das Brüderpaar Yoen und Garijn; ihm wird aber darin eine ganz andere Rolle wie in der Vengeance Fromondin zugetheilt. Yoen und Garijn belehnen den Sohn Rigaudijns mit dem Lande Baioen, das Gelloen im Kriege verloren und das ehemals Robbrecht van Milaen gehört hatte. Darauf begeben sich Yoen und sein Sohn Ritsaert sowie Garijn und sein Sohn Girbert nach Gascogne, wo Yoen und Ritsaert bleiben. Garijn und Girbert aber begeben sich nach Narbonne, wo Garijns Tochter Ermengard wohnte. Inzwischen hatte der besiegte Gelloen auf neuen Krieg gesonnen. Er gewinnt mit seinen Söhnen Beligand, Marcirijn, Fromondijn und Hardreich heidnische und griechische Völker zur Hülfe. Mit den Griechen hatte er durch die Heirath seiner Tochter Yrene mit Leo, dem Sohne des Kaisers Constantin, ein Bündniss geschlossen. Alles aber wendet sich günstig für Yoen, der schliesslich Pyroen, den Sohn Gelloens, zum Landvogt über Gironville, Lavendoen und Montesclavorijn einsetzt. Das dritte Buch enthält die Kämpfe und

den endlichen Sieg Yoens und dessen Neffen Vrederijc van Dene-
marken über Yrene und die Griechen.

Was endlich die Prosabearbeitung *v* anbetrifft, so stellt sich
der Verfasser derselben, Philippe de Vigneulle, am Schlusse seiner
umfangreichen Arbeit, welche er im Jahre 1515 niedergeschrieben
hat, die Aufgabe die Thaten Yons (Yonets) und damit das Ende
der Lothringer zu beschreiben: „quelle fut la fin du roy Gilbert
et de Yonnet son filz, pareillement de Hernaut, de Gerin et de
Malvoisin." Nach einer langen Einleitung (s. A. u. A. III, S. XVIII
Anm.), in der dem Leser in grossen Umrissen der Inhalt des
letzten Theiles des Romans schon angedeutet wird, beginnt Phi-
lippe de Vigneulle die eigentliche Erzählung, indem er selbst hin-
zufügt, dass er den Roman aus einer Reimdichtung in Prosa
übertragen habe: »Or escouteis pour dieu la merueille comme
le mest la vraye jstoire, laquelle j'ei mis de rime en prouse come
enciennement on l'avoit escript.« Der Inhalt dieses Schlusses ist
in aller Kürze folgender:

Hernaut schickt eine Gesandtschaft an den Hof Girberts nach
Ais in der Gascogne, durch welche er ihn und Yonet bitten lässt,
das Pfingstfest bei ihm in Lans zu feiern. Beide folgen der Ein-
ladung und kommen zu Hernaut, bei dem sich auch Malvoisin
und Gerin von Cologne eingefunden halten. Fröhlicher Willkomm
war ihnen von Hernaut und dessen Sohne Lowis bereitet worden.
Eines gleichen Empfanges aber konnten sie sich von Seiten der
Gemahlin Hernauts, von Ludie, nicht erfreuen. Denn bei der
Ankunft der Lothringer ward sie aufs neue von unermesslichem
Grimm gegen jenes verhasste Geschlecht, dem ihr Bruder Fro-
mondin zum Opfer gefallen, erfüllt. Sie sucht deshalb ihren Sohn
Lowis gegen Girbert und seine Begleiter aufzureizen, indem sie
ihm die Unthaten der Lothringer in scharfer Rede vor Augen
führt und ihn beschwört, den Tod ihres Bruders und seines
Oheims zu rächen. Lowis weist dieses Ansinnen aber entschieden
zurück und verlässt unwillig das Gemach seiner Mutter (306 a —
308 a).

Im Schloss begegnet er dem Knaben Yonet; herzlich ist die
gegenseitige Begrüssung der beiden Jünglinge, die sich umarmen

und einander ewige Freundschaft geloben. Nachdem sie sich darauf durch Spiele mancher Art sattsam vergnügt, beschliessen sie eine Beize zu veranstalten. Die Rosse werden bestiegen und man eilt auf die Jagd. Dort gerathen die Knaben über die Tüchtigkeit ihrer Falken in einen Streit, der dahin ausartet, dass sie sich und ihre Geschlechter mit heftigen Worten schmähen. Yonet schleudert in seiner grössten Wuth dem Beleidiger seinen Jagdfalken in das Gesicht, so das Jener über und über mit Blut besudelt wurde. Nun greifen die erzürnten Jünglinge zu den Schwertern, um sich im Zweikampf auf Leben und Tod zu messen. Hieran werden sie jedoch durch das herbeigeeilte Gefolge verhindert (308 a — 309 a).

Lowis eilt klagend zu seiner Mutter, welche nun die dem Knaben zugefügte Schmach zu benutzen weiss und ihn anstachelt, die Schande an dem Vater seines Beleidigers, dem Haupte der Lothringer, an Girbert selbst furchtbar zu rächen. Entschlossen eilt der rachedurstige Jüngling hinab in den Saal, in dem sich Girbert mit den Rittern beim Schachspiel befindet, während ein Jongleur fröhliche Weisen ertönen lässt. Lowis schleicht sich unbemerkt an den ahnungslosen Girbert heran, zückt sein Schwert und spaltet dem Helden mit wuchtigem Hiebe das Haupt. Der Mörder entflieht schnell und verbirgt sich bei seiner Mutter (309 a — 309 b).

Unter lautem Wehklagen legt man den Ermordeten auf eine Bahre und während die Helden das traurige Geschick des Gefallenen beweinen, kehrt Yonet von der Jagd zurück. Von grösstem Schmerz ergriffen lässt der Knabe statt aller Worte den Leichnam des Vaters von der Bahre herabnehmen und auf Speeren, die Spitze nach Aussen gekehrt, schweigend aus dem Schloss tragen, ein Zeichen, dass er Krieg und Rache dem verruchten Mörder seines Vaters geschworen habe. Langsam bewegt sich der Trauerzug dahin, gefolgt von den klagenden Helden. Sobald er sich der Landesgrenze genaht, wendet Yonet sich gegen Hernaut und beschwört ihn bei seinem Leben dieselbe nicht zu überschreiten,

da er einen blutigen Krieg gegen ihn und seine Sippe gelobt habe
(310a — 311b).

Traurig kehrt Hernaut nach Lans zurück, begleitet von Gerin
und Malvoisin. Ludie empfängt sie dort, rühmt und freut sich
der geschehenen That und macht Hernaut bittere Vorwürfe, dass
er nicht Yonet gefangen gesetzt und so den Ausbruch des drohen-
den Krieges verhindert habe. Gerin, der die Schmähworte des
trotzigen Weibes mit angehört, erzürnt sich so, dass er Ludie mit
Schlägen zu züchtigen droht (311b — 312a).

Der Trauerzug war inzwischen in Terrascone angelangt. Palast
und Stadt hallen von den schmerzlichen Wehklagen um Girberts
Tod wieder. Yonet lässt den Leichnam kostbar einbalsamiren und
feierlich beisetzen. Zu furchtbarem Rachekrieg schart Yonet dann
seine Mannen zusammen. Den alten König Anseïs von Cologne
ersucht er um seine Hülfe, die dieser ihm auch zusagt, während
er sie Gerin, der im Auftrag Hernauts in gleicher Absicht in Cologne
gewesen war, verweigert hatte (312b — 314a).

Wie verabredet versammeln sich die verbündeten Heere bei
St. Michel, wohin auch Aimeri von Dijon zu Yonets Hülfe herbei-
gekommen war. Dort ertheilt der ehrwürdige König Anseis dem
Knaben Yonet den Ritterschlag. Kurz darauf naht Hernaut mit
seiner Streitmacht und alsbald entspinnt sich eine heftige Schlacht,
in der auf beiden Seiten Wunder der Tapferkeit geschehen und
viele Helden fallen. Nach langem Kampfe neigt sich endlich der
Sieg auf die Seite Yonets; aber theuer ist er erkauft, denn König
Anseïs selbst und Aimeri von Dijon sind gefallen, während auf
der andern Seite Hernaut und Malvoisin als Opfer das Schlacht-
feld bedecken (315a — 320a).

Gerin war nach Lans entkommen; zornig macht er Ludie,
der Urheberin all' des Unglücks, die heftigsten Vorwürfe und in
seiner masslosen Wuth trennt er ihr das Haupt vom Rumpfe.
Darauf weiss er den besiegten Lowis zu bestimmen, sich Yonet
auf Gnade und Ungnade zu unterwerfen und Abbitte zu leisten.
Lowis versteht sich hierzu und Yonet verzeiht ihm, worauf beide
Jünglinge Frieden schliessen (320b — 322b).

Nachdem sich Gerin darauf einige Zeit in fremden Landen aufgehalten, bekommt er Sehnsucht Yonet wiederzusehen. Er trifft ihn aber nicht mehr am Leben, denn er war in einem Aufstand, den Lowis angezettelt hatte, erschlagen und dann zu St. Pierre in Cologne begraben worden (322 b — 324 a). Durch diese Kunde war Gerin sehr erzürnt worden und hatte beschlossen den Frevel an Lowis zu rächen. Er eilt als Pilger verkleidet nach Metz, wohin sich Lowis zurückgezogen hatte. Dort überfällt er ihn und erschlägt ihn auf der Strasse. Nachdem so der Tod der Lothringer gesühnt, zieht sich Gerin, der letzte der alten Helden, von der Welt zurück, um sein Leben als Einsiedler zu beschliessen (324 a — 325 a).

Die Schlussworte lauten: »Icy fine listoire con dit a Mets le Lourrain Guerrin (folgt die übliche Aufzählung der hervorragendsten Helden) La quelle histoire je ph'le de Vigneulle cy deuant nommez la retraict mis par chappitre et recuellis de plusseurs liures et rime ancienne ainsy come vous aues oys. Si vous prie ou nom de dieu que prenez en grey leuure car je vous aduertis quelle nest pas mise en cy beaulx termes comme elle deult estre mais y ait biaucopt faillis par ce que ie nay pas lars ne la science et aussy je ne la faict sinon pour mon passe temps et plaisir neantmoins je lay mis au plus pres de la verite sellon que es anciennes rimes jay trouues en escript et pour ce plaise vous a courrigier les faultes que y trouueres et je vous en scaueray bon greys et diray grant mercy et pour toutes conclusions nous prierons au redempteur qui nous doieut part en son sainct paradis. Amen.«

Auch diese Fortsetzung des Girbert hat also mit der Vengeance Fromondin wenig mehr als den Namen Yon speziell gemeinsam. Diesen konnte Philippe de Vigneulle jedoch aus den Hss. E oder P, deren erste ihm ja, wie Böckel[1]) nachgewiesen, für den Hervis vorgelegen hat, entlehnt haben. Denn die Be-

1) O Böckel: Philippe de Vigneulle's Bearbeitung des Hervis de Mez, Marburger Dissertation, 1883.

schreibung der Jugendgeschichte Yons in *v* kommt im Allgemeinen derjenigen der Hss. *E P* am nächsten, besonders hebe ich hervor, dass Yon nur nach *E P v* ein Lebensalter von vierzehn Jahren erreicht hat, als sein Vater zur Befreiung der Tochter Aimeris von Narbonne in den Sarazenenkrieg zieht, während bei allen äbrigen Hss. Yon (in *N* Anseis) zu derselben Zeit erst sieben Jahre alt ist. Bei *v* ist die Stelle *E* 341 b 2, *P* 253 b 2 folgendermassen in Prosa übertragen worden (*v* 296 b): »Apres ce fut lanffans pourteis baptisiez par ung sainct euesque et olt a non Yon apres le non de son grant peire etc. . . . et tant le thint a lescolle quil eust XIIII ans acomplis et de son eaige ne ce trowoit point de plus biaulx jowanciaulx que lui de quoy le peire avoit grant joie.«

Den Stoff zur Geschichte Yons hat Philippe de Vigneulle aber zumeist dem Anseïs de Mez und zwar nicht der Redaction *S*, wie theilweise *Ma*, sondern der Redaction *N* entnommen, da *L R* einerseits und *S* andererseits von *N v* stark abweichen[1]). So kennen

---

1) Zum Beweise wie wörtlich sich *v* in seiner Uebertragung an *N* angelehnt hat, möge nur eine beliebige Stelle, z. B. die Ceremonie des Ritterschlags durch den alten König Anseis von Cologne zur Vergleichung hier angeführt werden:

4—8]　　　　　　　　*N* 143 c　　　　　　　　[9—12

Li rois li fet le blanc haubert uestir	Cheualier soies corrageus *et* hardis
Et en son chief lnce liaume bruni	Si bons com fu Girbers li filz Garin
Puis li a cainte lespee au pon dor fin	Ton gentilz pere que ie pris en maisi
Et la collee li a donnee ausi	Ne te fuurai tant com ie soie uis
A sa uois clere a escrier seest pris	

Die fast wörtliche Prosaübertragung lautet: »Le roy luy fit vestir son blanc haubert et en son chief lui laissairent ung heaulme burnis puis luy a ceinte lespee a son couste senestre Et apres ce faict luy a donnee la collee or maintenant dit il soies chevalier aussy preux et si hardi comme fut jaidis le bon Gilbert ton pere et ainsy faisant je ne te fauldray ma vie (317a).« Ich setze hier noch das erste Kapitel und den Anfang des zweiten als längere Textprobe her: (306a) „Or escouteis pour dieu la merueille comme le meet la vraye jstoire la quelle jei mis de rime en prouse come enciennemēt on lavoit escript et lej retrait au moins malz que jej peu de trais ou quaitre ancienne istoire et les remis concordez et joing ansemble en vne coment vous serait cy presamt dit Le conte Hernault auoit heu de dame Ludie sa feme plusieur anffans De tout les quelle ne luy auoit demoureis pour tous hoirs que vng

L R S zwei Söhne Hernauts: Lowis und Manesier, während *N v*
nur einen einzigen, nämlich Lowis, erwähnen. Im Gegensatz zu
L R S, wo Ludie in Bordelle ihre beiden Söhne zur Rache gegen
Girbert anstachelt und diese sofort der Mutter Folge leistend den
Helden beim Schachspiel erschlagen, bildet bei *N v* die Ursache
der Ermordung Girberts der Streit zwischen Yon und Lowis auf
der Jagd, in Folge dessen Lowis, durch Ludie zu der That gereizt,
in Gironville Girbert tödtet. Während in *L R S* Ludie nach der
geschehenen Unthat von Bordelle nach Gironville mit ihren Söhnen

---

filz nūmeis Lowey jcelluy anffans estoit crus grant et bien fourmes Et lung
des (plus) biaulx qui fut en tout le pais et du tampts que le roy gilbert retour-
nait de sainct Jaicque estoit desiny lanffans gros et fournis Or avint vng
jur que led' Hernault ce trowait [a] Ais en Gascongne a la court du roy
Gilbert et heurēt plusieurs deuise ensamble touchant la mort de Fromōdin
Par dieu mon *(306b)* biaulx nepueulx ce dit Gilbert maintenāt avouns bien
subiugues nous annemis Or ny ait plus que de bien faire Car il ny ait
plus de tout le lignaige de Fromon qui contre nous ce housait aleuer ne
qui airme housait amprandre pour nous faire vng desplaisir Vous dictes
vray sire ce dit hernault Je ne saiche point ung qui lousait faire ne entre-
prandre Mais helas jl ne ce aduisoie pas de dame Ludie ne de Lowis son
filz Car de puis que la dame sceut la mort de son frere et la destuiction I
de son lignaige elle neust jamaix bonne amour aroy Gilbert a Gerin ne a
Maluoisin ains lez print en haine mortellement jay ce que nulz samblant
nen fist Et aucy par elle vint tout le malz come cy apres vous serait dit I
Mais pour reuenir a mon prepous apres plusieurs deuise et parrolle que lez
deux nepueulx heurēt ansamble le dit Hernault prepousait pour biaucopt
de raison que je laisse de laisser Gerūuille en gairde a vng noble home et I
de ce ailler tenir a Lans en lainoy lui sa feme et son filz sue la terre qui
soilloit estre a Fromōdin Car pour celluy tampts possedoit led' Hernault
paisiblemēt touttes lez terre et s'grie qui solloie estre a viez Hardre a conte 2
Fromōt et a Fromōdin son filz et de fait a cest meisme heure que led'
Hernault estoit en court prioit a roy Gilbert que son plaisir fut a la panthe-
couste ensuant de y venir et auec ce dy amener Yonnet son filz Car dit il 2
ce a dieu plait a ce jour je veult faire chl'r de mon filz Lowey Et pource
ameneis y le voustre cil vous plait cy ce acointeront les deux anffans an-
samble et ce aprandront a conoistre Vraiemēt sire ce dit le roy jl me samble 2
que cest bien dit et vous oitroie a y aller pour lamour des deux anffans et
affin que je puisse veoir Helisant dame de Ponty de cest promesse le re-
merciait le conte Hernault Puis apres plusieur langaige jl cen aillairent 3
repouser et dormir Le lundemain au matin furēt leueis chansmiet et vestus

entkommt, gegen welche sich dann lange und heftige Kämpfe entspinnen, folgt in *N v* ohne Weiteres die Rache Yons (resp. Anseïs), die durch die Entscheidungsschlacht von St. Michel ihren Abschluss findet. Bis hierhin stimmen *N v* genau überein, dann aber eilt *v* dem Schlusse zu und schafft, um diesen möglichst schnell herbeizuführen, drei Hauptpersonen aus dem Wege, Hernaut und Malvoisin, die es in der Schlacht fallen, und Ludie, die es durch die Hand Gerins sterben lässt. Daran wird dann der oben angeführte

et puis cen ailleirēt oyr la messe apres la quelle fut le dineis grant et suiutueulx et furēt a merueille bien seruis de perdris de faisans liewre grues
3 bairguesse et cugnis et de plusieur aultre viande et a cy grant plantez quil nestoit possible de mieulx auoir Puis apres quil heurent beu et maingeez tout a leur aise Le conte Hernault print congiet du roy Gilbert et ce mist
6 en son chemin Et tant ait cheuaulchiez mont et vailles quil ariuuit a Lans en lanoy la ou a cest heure estoit sa feme Ludie aucy y estoit Lowey son filz La dame vint a deuēt du conte Hernault son mary et moult grant joie
9 en fist Mais moult triste et dollante [deuint] quant elle sceut a vray la mort de son frere Fromūdin Car ledit Hernault luy comptait ampriuee toutte la verite a vray de sa mort et commēt on lauoit occis ou bois Dequoy Ludie
12 cheut pasmee de doulleur et lui en fist le cuer moult mal Jay ce *que par* auēt elle ne lauoit guerre aymes pour lamour de ces deux anffans quil lui auoit beu murtris Mais nyāt moins quant elle poult reuenir n sa *parrolle* ce
15 print a doulouser moult griefmēt en dortourdant ces poing ces mains et en tirant cez cheueulx et faisoit le plus grāt dueil du monde ha Fromon frere fait elle *(307a)* quelle piteuse nowelle mait on cy apourtez de vous belas
18 cellui qui vous ait aincy tueis il moustre bien quil nest pas mon amis ne jay ne me doing dieu graice de mourir que premier nen aye prins griewe vangeance et certes dit elle aincy en aduairait ce a dieu plait Mais alors
21 nen fut plus parleis ne dit ains firent lez bairons du pais grant joie pour la reuenue de leur s'gr Et ce paissait aincy le tampts joieusement jusques a XV jour deuēt la pāthecouste que led' Hernault enuoiait a Ays en
24 Gaiscongne apres le roy Gilbert et parreillemēt a Collongne pour mēder lo roy Garin son frere comme cy aprez vous serait dit — [II.] Aincy ce paissait le tampts plusieurs journee tant que le jour de la panthecouste ce aproi-
27 choit auquelle jour vouloit Hernault tenir grant feste come cy deuēt aues oy et pour cest cause appellait ces messaigier pour enuoier en plusieur lieu entre les quelle il enuoiait lung a Collongne deuers le roy Gerin laultre il
30 lenuoiait a Ays en Gascongne pour mander a roy Gilbert quil vint a Lans n sa feste et quil amenait Yonnet son fils Alors montait le messaigier a cheuaulx et tellemant esploitait par ces jornee que a Ays en Gascongne

kurze Schluss gereiht. Bei *N* aber tragen Hernaut und Malvoisin nur schwere Wunden in der Schlacht davon und Ludie wird von Gerin nur mit dem Leben bedroht. *N* stimmt von hier ab (148 e) mit *L R S* genau bis zum Schluss überein. Nach diesen Hss. weiss sich Ludie gegen ihre Feinde in Bordelle zu behaupten und so wird das ränkevolle Weib die Anstifterin von neuen, grossen Kriegen, die wiederum hervorgehn aus der unersättlichen Blutrache und dem gegenseitigen Hasse der beiden feindlichen Familien.

est arlueis la ou estoit le roy Gilbert qui triumphoit auec sa feme et ces
amis Cy le saluoit le messaigier come bien faire le scauoit et en toutte
honneurs et reuernnce il lui fist son messaige de pairt le conte Hernault son 3
maistre disant que le dit son s'gr lui mandoit et prioit quil ce trowait a
Lans en lainoy a jour de panthecouste proichiens venant pour estre a la
feste et quil voulloit faire chl'r son filz Lowey et pource sire ce dit le 6
messaigier vous fait prier mon dit seigneur que vous haiteis de y venir Et
que ameneis auec vous Yonnet voustre filz cy ce aprandront a entre-
cognoistre les anffans car il sont pairans et amis Le roy Gilbert fut tres 9
joieulx de ces nowellez et promist au messaigier de ce partir a lundemain
et quil cen yroit auec luy Quant la royne entandist celle promesse a pouc
ne fut despacioneis de doubte quelle auoit de son mary Puis le tirait a pairt a 12
conseille et humblemët lui ait dit ha sire ce dit la dame quesse que vous
dictes ne quelle promesse aueis vous faictez Pour dieu mon chier s'gr je
vous prie ny ailleis mye helas vous scaues dit elle que a Lans et ou pais 15
entour vous aueis plusieur annemis entre lesquelle y est dame Ludie qui
vous heit a mort come on dit pour lamour de son frere Fromondin que
aueis tueis en lermitaige dedens le bois come vous scaueis Parquoy Je me 18
doubte et me le dis le cuer que ce vous y ailleis tairt en vanreis a repairtir
ne jamais vous en retournereis en vie Ha dame ce dit le roy laisseis or
toutte cez follie Mais panseis vous que Hernault soit cy meschant home luy 21
qui est s'gr. de Lans et auec ce est mon cousin quil men aduenist aulcuns
malz ne que on men eust fait aulcuns deplaisir Jl aueroit mieulx dit il
quil ne fut oncque esteis nes quil le deust permestre ne souffrir Et pource 24
dame ne men parles plus car se a dieu plait Je yrais demain et auec moy
y vanrais Yonnet mon filz Alors ait mandeis ces gens de tout coustez jusques
a nombre de XX chl'r et plusieur escuier et aultre gens et il y vinrēt tres 27
voulluntier et de couraige Cy aprestait le roy son herres puis print or et
argent a voullunteis paille de soie airme et cheuaulx et plusieurs aultre
riche baicgue et juaulx pour donner et despartir au prince a duc au che- 30
uallier et pour moustrer sa grant lairgesse Car par donner on acquiert plu-
sieurs amis Alors est monteis a cheuaulx" etc. etc.